글쓴이 │ **김창룡**

런던 시티대학교 언론대학원에서 석사, 영국 카디프 대학교 언론대학원에서 박사 학위를 받았다.
현재 인제대학교 신문방송학과 교수로 재직하고 있다. AP 통신사 서울 특파원, 언론중재위원회
중재위원, KBS, MBC TV 미디어 비평 전문위원을 역임했다. 저서로는 『무엇이 내 가슴을 뛰게
하는가』, 『인터넷 시대, 실전 취재 보도론』 등이 있다.

그린이 │ **아메바피쉬**

국민대학교에서 시각 디자인을 공부한 뒤, 일러스트, 만화, 디자인, 전시 등 다양한 분야에서 그
래픽 아티스트로 활동하였다. 지은 책으로 『ROBOT(로봇)』, 『가면소년』 등이 있고, 그린 책으로
『이것이 완전한 국가다』, 「과학이 밝히는 범죄의 재구성」 시리즈, 「역사 속으로 숑숑」 시리즈 등
이 있다.

 스마트폰이 세상을 바꾼다고? │ **신문 방송학**

1판 1쇄 펴냄·2012년 12월 14일  1판 7쇄 펴냄·2020년 7월 15일

| | |
|---|---|
| 지은이 | 김창룡 |
| 그린이 | 아메바피쉬 |
| 펴낸이 | 박상희 |
| 편집장 | 박지은 |
| 기획·편집 | 이해선 |
| 디자인 | 오진경, 선나리 |
| 펴낸곳 | (주)비룡소 |
| 출판등록 | 1994. 3. 17.(제16-849호) |
| 주소 | 06027 서울시 강남구 도산대로1길 62 강남출판문화센터 4층 |
| 전화 | 영업 02)515-2000 팩스 02)515-2007 편집 02)3443-4318,9 |
| 홈페이지 | www.bir.co.kr |
| 제품명 | 어린이용 반양장 도서 |
| 제조자명 | (주)비룡소 |
| 제조국명 | 대한민국 |
| 사용연령 | 3세 이상 |

ⓒ 김창룡, 2012. Printed in Seoul, Korea.

ISBN 978-89-491-5353-7 44070 · 978-89-491-5350-6(세트)

# 스마트폰이
# 세상을
# 바꾼다고?

신문
방송학

**김창룡** 글　　**아메바피쉬** 그림

비룡소

균형을...
균형을...

언론자유

Media

개인
명예

# 왜 매스컴은
# 점점 더 중요해질까요?

한 과학자가 줄기세포를 이용하여 불치병을 치료해 낼 것이라고 큰소리쳤습니다. 그 과학자는 세계적으로 유명한 과학 잡지에 논문들을 발표하며 국민적 영웅으로 떠올랐습니다. 나라에서는 그에게 많은 연구 기금을 마련해 주며 노벨상 기대감을 더욱 높였습니다.

그러나 그의 논문은 허위이며 실험은 조작됐다는 주장이 나오기 시작했습니다. 많은 국민은 처음에는 매스컴의 이런 보도에 대해 사실이 아닐 것이라며 믿지 않으려 했습니다. 일부 사람들은 이런 TV 고발 프로그램에 대해 욕설과 협박을 서슴지 않았습니다.

진실을 밝히려는 매스컴과 진실을 왜곡하려는 그 과학자와 추종자들 사이에 일대 큰 다툼이 벌어졌습니다. 과학계의 본격적인 검증이 시작되자 하나씩 진실이 밝혀지기 시작했습니다. 과학자의 거짓과 과장이 만천하에 드러났습니다. 이 과정에서 이를 보도했던 기자와 피디들은 수많은 협박에 시달려야 했습니다. 이를 고발한 여성 피디는 결혼을 며칠 앞둔 상황에서 경찰에 긴급 체포되기도 했습니다. 진실이 결국 드러났지만 그 대가로 기자와 피디들은 땀과 눈물, 희생을 바쳐야 했습니다. 때로 진실이 늘 승리하는 것도 아닙니다.

이 세상은 거짓과 과장과 왜곡이 곳곳에서 넘쳐나고 있습니다. 우리가 매일 보고 듣는 뉴스와 정보, 광고 등은 우리에게 꼭 필요한 것이기는 하지만 늘 진실만을 전달하는 것은 아닙니다. 왜 그럴까요?

현대를 매스컴 시대라고 부르는 것은 수많은 정보와 뉴스가 매스컴을 통해 쉽게 전달될 수 있는 기술적, 사회적 환경이 됐음을 의미합니다. 매스컴의 소비자이면서 생산자인 일반 국민은 과연 매스컴에 대해 얼마나 알고 있을까요? '매스컴을 지배하는 자가 세계를 지배한다.'라는 말은 무엇일까요?

매스컴을 연구하는 신문 방송학은 비교적 역사가 짧은 현대 학문에 속한다고 볼 수 있습니다. 짧은 역사에 비해 사회적, 정치적 영향력은 막강하기 때문에 입법, 사법, 행정부에 이어 '제4부'라고 불릴 정도입니다.

도대체 매스컴의 힘은 어디서 나올까요? 왜 매스컴은 점점 더 중요해지고 있을까요? 이제부터 흥미진진한 신문 방송학과의 세세로 함께 떠나 봅시다.

1부

세상을
바라보는 창,
미디어

# 01

# 옛날에도
## 신문이
### 있었나
?

시청자를 기만하다니 …

SNS

# 미디어의

# 기원

한 TV 방송사에서 있었던 일입니다. '토요 이벤트 가족 노래자랑' 코너에 한 아버지가 네 살, 여섯 살 남매와 함께 출연하여 '암에 걸린 아내가 가족들에게 짐이 되기 싫어 집을 떠났다.'라는 소설 같은 사연을 소개했습니다. 이 사연은 대단한 위력을 발휘했습니다. 이 가족은 노래자랑에서 우승을 차지한 후, 제주도 여행권을 상품으로 받았습니다. 이 방송을 보던 시청자들은 동정심을 보였고 우승에 대해 환호했습니다. 그러나 방송 직후 한 네티즌의 제보로 눈물겹던 사연은 거짓으로 드러났습니다. 상품권은 회수됐고 우승은 취소됐습니다. 방송사는 사과 방송을 내보내야 했습니다. 이 방송을 보고 울고 웃었던 시청자들은 거짓에

속았다는 낭패감과 실망 때문에 허탈해했습니다.

TV를 비롯한 여러 미디어는 때로 우리에게 즐거움과 재미를 선사하지만 때로 이처럼 좌절에 빠트리기도 합니다. 우리는 미디어가 쏟아 내는 각종 정보와 뉴스에 따라 세상을 보는 사고방식, 지혜 등을 얻게 됩니다. 요즘은 우리가 의식하지도 못하는 사이에 생활 습관, 말투, 생각까지도 영향을 받고 있습니다. 현대의 미디어는 어떤 모습에서 발전하여 오늘에까지 이르게 되었을까요?

인간은 사회적 동물인 만큼 사회를 구성하면서부터 매스컴은 존재해 왔다고 믿습니다. 좀 멀리 느껴지지만 기원전으로 거슬러 올라갑니다. 기록상으로는 뉴스를 정기적으로 배급한 시초를 2,000여 년 전, 기원전 59년 로마 제국 시대로 봅니다. 그 당시 로마에서 《악타 듀르나》라는 신문을 만들었습니다. 그러나 당시 《악타 듀르나》는 귀족 사회, 특권 계급층에 한정돼 뉴스가 전달될 뿐이었습니다. 보다 많은 대중을 위한 대중 매체가 탄생하게 된 것은 훨씬 이후가 됩니다.

서양은 구텐베르크의 활자술이 개발되면서 본격적인 인쇄 매체가 등장하게 됩니다. 1455년경 독일의 인쇄 기술자 구텐베르크는 자신의 이름을 붙여 구텐베르크 성서를 인쇄했습니다. 대중 매체 가운데 약 500년 이상의 역사를 자랑하는 신문은 인쇄술의 발달과 그 맥을 같이합니다. 인쇄 기술이 발달하기 전에는 손으로

써서 신문을 만들었기 때문에 귀족이나 왕족 등 일부 계층만 볼 수 있었습니다. 일반 사람들은 주요한 정보를 알 수 없었고 사회 특권층이 모든 정보를 독점했습니다. 오늘날과 같은 신문의 탄생은 인쇄 기술의 발전 때문에 가능하게 된 것입니다.

미디어는 흔히 사람과 사람 사이를 연결하는 매개체를 말한다. 신문, TV, 라디오, 인터넷, 휴대전화 등과 같은 도구를 한데 묶어서 미디어라고 한다.

세계 최초의 신문으로 알려진 것은 16세기 중엽 이탈리아 베네치아의 《가제트》라고 합니다. 여러 계층이 볼 수 있었지만 정기적으로 발간된 것은 아니었다고 합니다. 대중성을 갖추고 하루하루 정기적으로 발간한 세계 최초의 신문은 1666년 독일의 《라이프치히 차이퉁》이라고 합니다. 독일, 이탈리아, 영국 등 여러 나라가 서로 자기 신문이 세계 최초라고 주장하여 항상 논란이 되기도 합니다.

신문이라는 미디어의 등장은 그만큼 도로, 교통, 인쇄술이 발전했다는 것을 의미합니다. 또한 보통 사람들이 신문을 통해 다른 지역의 뉴스와 소식들을 알 수 있게 됐음을 뜻합니다. 무역 거래가 활성화되고 국가 간 교류가 활발해진 이면에는 바로 미디어의 발달이 있었기 때문입니다.

# 미디어의
# 대중화,

# 세상을 바꾸다

신문이라는 미디어가 보다 많은 사람에게 읽혀지기 시작하면서 어떤 변화가 일어났을까요? 그동안 귀족이나 왕으로부터 억압받던 시민 계급이 자기 권리 의식에 눈을 뜨게 됩니다. 일방적으로 노동을 착취당하고, 함부로 노예 취급을 받던 시민들이 부당한 대우에 반발하고 분노하기 시작했습니다. 미디어가 정보의 확산과 뉴스의 대중화, 시민 의식 고취에 앞장서면서 일어난 변화입니다.

유럽에서 산업 혁명과 근대 시민 혁명을 거치며 언론의 자유는 크게 신장됐습니다. 그동안 일방적으로 지배만 당하던 시민들은 신문을 통해 자신의 목소리를 내며 자신의 권리를 주장하게 됩니다. 이와 함께 신문의 역사는 눈부시게 발전했습니다.

유럽에서 인쇄 미디어가 출발했지만 대중 매체가 가장 크게 꽃을 피운 곳은 미국입니다. 미국에서는 한 부에 1페니밖에 하지 않는 소위 '페니 신문'이라는 값싼 신문이 등장했습니다. 데이가 발간한 《뉴욕 선》과 베네트가 발간한 《뉴욕 헤럴드》가 대표적 페니 신문이었습니다. 이 페니 신문은 신문의 대중화를 가져오는 기폭제가 됐습니다. 많은 사람이 신문을 보고 자신의 의견을 나타내는 소위 대중 미디어 시대를 맞이한 것입니다. 많은 사람이 본다고 해서 '대중지'라고 부르기도 합니다.

대중지의 등장은 신문의 존재 방식을 바꿔 놓았습니다. 과거에는 신문을 보는 사람들에게 구독료를 받는 것이 신문사 수입의 전부였습니다. 그런데 돈 많은 기업인들이 많은 사람이 신문을 본다는 사실을 알게 됐습니다. 신문에 광고를 게재하면 더 많은 상품을 팔 수 있다는 생각으로 상품 광고를 시작했습니다. 기업가는 신문에 광고를 게재하면서 더 많은 돈을 벌 수 있었습니다. 또한 신문사 역시 상품 광고를 실어 주고 광고료를 통해 더 큰 수익을 올리게 된 것입니다.

신문에 광고 수입의 비중이 커지면서 존재 방식에도 변화가 왔습니다. 신문사는 독자를 위한 뉴스나 정보보다 기업의 광고를 유치하기 위해 더 고민하기 시작했습니다. 과거에 신문의 수입 중

70~80퍼센트를 구독료에서 거두어들였다면 현재는 그 비중이 20~30퍼센트로 줄어들었습니다. 요즘은 거꾸로 기업의 광고료에 전체 수입의 70~80퍼센트를 의존할 정도가 됐습니다.

광고를 통해 큰돈이 들어오기 시작하자 그동안 가내 공업 정도에 머물던 신문 산업은 본격적으로 기업화되기 시작했습니다. 과거 신문이 특권 계급에 한정된 내용으로 제작되던 것과는 완전히 달라진 것입니다. 대중을 위해 재미있는 기사, 사진, 경제 뉴스 등을 보다 자세하게 소개하기 시작했습니다.

19세기 말부터 미국의 대표적 신문 발행인이었던 퓰리처와 허스트는 대중의 인기에 영합하기 위해 흥미 위주의 가십, 폭력물, 성 스캔들 등을 과장되게 보도하는 경쟁을 일삼았습니다. 이들의 치열한 경쟁 속에 소위 황색 언론이 탄생했습니다. 황색 언론은 과장되게 성 스캔들 등을 보도하는 행태를 말합니다. 오늘날 황색 언론이란 말은 바로 대중의 인기에 영합하기 위해 사실 관계를 무시하고 과장되게 보도하는 행위를 일컫는 것을 뜻합니다.

퓰리처는 돈을 벌기 위해서라면 신문의 품질이나 기사의 내용은 어떤 것이라도 상관없다는 생각을 한 사람입니다. 그러나 그는 인생의 말년에 크게 뉘우치고 번 돈을 모두 사회에 기부하여 '퓰리처상'을 만들었습니다. 오늘날 언론계의 노벨상으로 불리는 퓰리처상은 바로 그의 이름을 본딴 것입니다.

# 우리나라
# 미디어의
# 발달


우리나라의 미디어는 어떻게 바뀌어 왔을까요? 우리나라에서는 1883년 조선 말기에 신문 형태의 미디어가 나타나기 시작했습니다. 1896년 4월 7일에는 우리나라 최초의 민간 신문이며, 순 한글 신문인 《독립신문》이 발간되었습니다. 오늘날 '신문의 날'이 4월 7일인 것은 《독립신문》의 창간 날짜 때문입니다.

우리나라는 일제 강점기, 해방 이후 독재 시대, 군부 시대를 거치면서 미디어의 발달이 침체됐던 것이 사실입니다. 폐쇄된 사회에서 언론의 자유는 억압됐습니다. '땡전 뉴스'는 한국 언론사에 큰 오점으로 남아 있습니다.

'땡전 뉴스'란 1980년대 초 전두환 군사 정권 시절, 모든 방송사가 9시 주요 뉴스의 첫 시작으로 뉴스 시간을 알리는 '땡' 소리와 함께 '전두환 대통령 각하는……' 이렇게 공식처럼 시작한다고 해서 만들어진 말입니다. 그 당시 미디어는 국민의 요구나 권리는 아랑곳하지 않고 오직 대통령의 말만 일방적으로 전달하는 나팔수 역할을 했습니다.

언론의 자유는 없었고 국민 개개인의 표현의 자유도 없었습니다. 이런 억압되고 짓눌린 사회는 결코 건강하지 못합니다. 결국 전두환 군사 정권 말기에 반독재 데모가 수없이 발생했던 것도 이 때문입니다. 그 당시 군사 정권의 앞잡이 노릇을 하는 KBS를 상대로 시청료 거부 운동이 일어났습니다.

결국 지방의 한 KBS 방송국은 성난 시민들이 불을 질러 화염에 휩싸이기도 했습니다. 미디어 역할을 제대로 하지 못한 혹독한 대가를 치러야 했던 것입니다.

현대적 의미의 자유 언론이 등장한 시기를 1988년 이후로 보는 학자들이 많습니다. 이때 언론 악법이 개정되고 언론사 간 자유 경쟁 체제가 확립되면서 언론 자유가 꽃피기 시작했기 때문입니다. 이후 기술의 발달로 인터넷이 본격화하기 시작합니다. 인터넷 신문, 인터넷 방송 등의 뉴 미디어가 등장합니다. 네티즌들을 대상으로 사이버 상에서 보도, 해설 등을 하는 인터넷 언론은 점점 더 활성화되고 있습니다. 방송 채널 수도 많아지고 매체의 형태도 다양해졌습니다. 그만큼 우리 사회가 개방화되고 민주화되고 있다는 반증입니다.

2010년경부터 본격적으로 등장한 페이스북, 카카오톡, 트위터 등 소셜 네트워크 서비스(SNS, social network service)를 이용한 소셜 미디어와 스마트폰으로 개인 간 뉴스와 정보의 흐름이 빨라지게 됐습니다. 때로는 불필요한 정보, 유해한 정보, 개인의 사생활을 침해하는 이야기까지 무차별적으로 전달되는 대중 미디어 사회가 된 것입니다.

미디어를 통해 인간은 서로의 이야기에 영향을 주고받으며 가치관, 역사관, 국가관을 형성해 나갑니다. 사람과 사람, 개인과 집단을 잇는 주요 교차로, 전달로 역할을 바로 다양한 미디어가 하고 있는 것입니다.

미디어의 발전은 과학과 기술의 발전과 그 궤를 함께합니다. 또한 미디어의 존재와 발전은 그만큼 인간의 권리, 자유를 보장하는 주요한 수단이 되고 있습니다. 오늘날 민주주의가 발전한 나라는 공통적으로 다양한 미디어가 존재하여 발전하고 있습니다.

미디어를 잘 활용하면 인류 발전에 도움이 되지만 악용하게 되면 인권을 해치는 도구로 전락될 수도 있습니다. 다양하게 변화하는 미디어의 부작용을 어떻게 하면 최소화하면서 인류 발전에 활용할 것인지가 주요 과제가 되고 있습니다. 앞으로도 미디어는 인류 역사 발전과 그 궤를 함께하게 될 것입니다.

# 02

# 미디어가

------------------------------

# 내 생각을

------------------------------

# 지배한다고

------------------------------

# ?

# 개인의 삶을

# 노출시키는
미디어

미디어는 우리 일상생활을 우리도 모르게 기록
하고 녹화하는 역할을 하고 있습니다. 이것은 우리 자신을 보다
신중하고 책임감 있게 행동하게 만드는 측면이 있습니다. 비밀이
많은 사회에서 열린 사회로 이전하게 하기 때문에 보다 교양 있는
시민, 문화 시민으로 만드는 역할도 하고 있습니다.

지하철에서 한 대학생과 노인이 서로 막말과 욕을 하며 싸운 적
이 있습니다. 과거 같았으면 조용히 넘어갔을 사안이었습니다. 그
런데 누군가가 그 말싸움의 현장을 스마트폰이라는 뉴 미디어를
활용하여 동영상으로 촬영한 후 인터넷에 올렸습니다. 그 대학생
이 서울의 모 대학교 학생이라는 잘못된 정보까지 올라와서 그

대학교는 해명하느라 진땀을 흘렸습니다. 이 일로 인해 각 대학교에서는 공공장소에서 함부로 행동하지 못하도록 특별 교육까지 시켰습니다.

어쩌면 사소한 일로 끝났을 사건이 왜 이렇게 확대되고 주요 방송사에서 보도까지 하게 됐을까요? 그것은 바로 스마트폰이라는 뉴 미디어가 우리 일상생활의 감시자로 떠올랐기 때문입니다. 공공장소에서의 나의 행동 하나하나가 누군가에 의해 녹화될 가능성이 있습니다. 특히 지하철 역, 엘리베이터, 상점, 은행 등에서는 CCTV가 24시간 가동되어 사람들의 행동을 감시하고 있습니다. 과거에는 상상할 수 없는 일이었습니다.

이 과정에서 개인의 신분이 노출되거나 사생활이 침해될 수도 있습니다. 한번은 이런 일이 있었습니다. 한때 '개똥녀'란 말로 우리 사회를 발칵 뒤집었던 일입니다.

한 여성이 개를 안고 전동차를 탔는데, 개가 전동차 안에서 변을 본 것을 치우지 않고 내린 것입니다. 이것을 한 승객이 휴대폰을 이용하여 동영상으로 촬영한 후 인터넷에 올렸습니다. 많은 네티즌이 분노했습니다. 이 과정에서 '개똥녀'의 얼굴이 미디어를 통해 노출되었고 그 여성은 엄청난 비난을 받았습니다.

CCTV는 범죄 예방과 해결에 도움이 되지만 개인의 사생활을 침해하는 등 사회적 논란거리가 되기도 한다.

개똥녀가 잘못한 것은 사실이지만 이렇게 얼굴까지 대중에게 알려져 응징을 받는 것도 법적으로 문제가 있습니다. 미디어의 무분별한 노출로 인한 부작용인 셈입니다.

다양한 미디어는 우리 삶의 새로운 감시자로 등장했습니다. 미디어로 인해 우리 삶이 제약받거나 사회의 주요 문제가 되기 시작했습니다.

주니어 대학

# 정보와
# 즐거움을 주는

# 미디어

미디어는 각종 생활 정보로 우리 삶에 직간접의 영향력을 행사합니다. 아침부터 밤까지 미디어는 우리 삶과 함께 합니다. 아침에 등교하기 위해 일어나면 아버지는 신문을 보고 있습니다. 미디어와 함께 하루를 시작하는 것입니다. 어머니는 일기 예보를 확인합니다. 일기 예보 같은 생활 뉴스는 우리에게 직접적인 영향을 줍니다. 날씨가 매우 춥거나 덥다는 뉴스를 들으면 그에 맞춰 옷을 입습니다. 비가 올 확률이 높으면 우산을 준비하게 됩니다.

학교에서 선생님은 교육 방송에서 녹화한 교육 프로그램이나 영어 프로그램을 TV나 컴퓨터를 통해 교육에 활용합니다. 이런 미디어 활용 교육법은 갈수록 더욱 다양해질 것입니다.

학교를 마치면 우리는 친구와 카카오톡을 합니다. 매우 쉽고 간단하게 멀리 있는 친구와도 대화할 수 있고, 각종 사진까지 직접 볼 수 있습니다. 때로는 MP3로 음악을 듣기도 하고, 스마트폰으로 게임을 즐기기도 합니다.

저녁에는 인터넷에서 다양한 정보를 검색하여 숙제를 합니다. 누구나 인터넷을 통해 쉽게 전문 지식을 접할 수 있습니다. 그래서 인터넷은 '정보의 바다'라고 불립니다. 뉴스나 오락, 동영상까지 찾아볼 수 있는 인터넷은 이제 우리 일상 생활의 상당 부분을 차지합니다.

미디어는 우리에게 다양한 정보와 즐거움을 주지만 너무 빠져들어서는 안 됩니다. 인터넷 게임에 빠져서 중독이 된다면 인터넷이라는 미디어는 더 이상 유용한 수단이라 할 수 없습니다. 게임의 재미는 너무나 강력해서 수많은 시간과 열정마저 앗아 가 버리기도 합니다. 밤늦게까지 TV를 보면 다음 날은 하루 종일 피곤해서 수업 시간에 집중하기가 힘듭니다. 한번 중독에 빠지면 거기서 빠져 나오기가 무척 힘듭니다. 특히 인터넷 중독, 스마트폰 중독에 빠지지 않도록 늘 주의해야 합니다.

미디어는 또한 우리의 경제 활동에도 큰 영향을 미칩니다. 특히 소비자들의 소비 행태에 직접적 영향을 주기 때문에 각 기업에서는 미디어를 통해 광고를 하게 됩니다. 상품 광고는 이제 미디어에서 빼놓을 수 없는 품목입니다. 심지어 인터넷 전문 마켓까지 활성화되어 있습니다.

또한 홈쇼핑은 전적으로 상품 판매 전용 미디어입니다. 거실에서 가만히 TV를 보다가 마음에 드는 상품이라고 판단되면 바로 주문할 수 있습니다. 홈쇼핑은 또한 신속하게 배달되며 일정 기간 안에는 반품 및 환불까지 가능할 수 있을 정도로 편리해졌습니다. 미디어가 우리 인간의 소비 패턴과 행동 패턴까지 바꾸고 있는 셈입니다.

# 혁명의
# 원동력이 된

# 미디어

미디어는 우리의 집단행동에도 직접적 영향을
미쳐 결단을 하게 만듭니다. 리비아, 이집트 등지에서 발생한 국민
들의 반정부 데모가 대표적 사례입니다. 과거에는 독재 정부에서
미디어를 통제했기 때문에 독재자가 어떤 횡포를 하는지, 얼마나
부패했는지 잘 알 수가 없었습니다. 그러나 인터넷이나 SNS 등을
통해 한번 알려진 뉴스는 삽시간에 국내외로 퍼져 나갔습니다.

처음에는 일부 국민이 반정부 시위에 나섰습니다. 그러나 미디
어를 통해 국민이 시위 과정에서 처참하게 폭행당하는 장면이 알
려지면서 더 많은 사람이 시위에 가담하게 되었습니다. 이런 내용
은 각종 미디어를 통해 실시간으로 해외에 알려졌습니다. 해외에

있던 리비아 시민, 이집트 시민은 분노를 했고 데모에 가담하게 된 것입니다. 국내외에서 동시다발로 터져 나오는 시위 행렬은 무서운 위력을 발휘했습니다.

결국 리비아의 카다피, 이집트의 무바라크 등 권력자들이 시위에 의해 권좌에서 쫓겨나게 된 것입니다. 심지어 카다피의 경우 누군가에 의해 총살까지 당했습니다. 한때의 대통령이 이름 없는 시민군의 총에 의해 처참한 죽음을 맞이하게 될 줄을 그 누가 상상했겠습니까? 여러 요인이 있겠지만 미디어의 위력이 이를 가능하게 한 셈입니다.

과거에는 상상할 수 없었던 일이 현실로 나타나는 것은 그만큼 미디어의 위력이 커졌다는 것을 의미합니다. 또한 미디어 이용자들이 더 많아졌고 뉴스와 정보가 국경 없이 쉽게 넘나든다는 것을 뜻합니다.

오늘날에도 아프리카나 아시아 등 일부 군사 독재 국가에서는 쿠데타가 발생하고 있습니다. 군사 쿠데타는 국민의 의사와 무관하게 군이 국가를 무력으로 장악하는 사건을 의미합니다. 군사 쿠데타를 일으키는 세력이 맨 먼저 점령하는 곳은 바로 TV 방송국입니다.

방송 아나운서를 등장시켜 '쿠데타가 성공했다.'는 것을 뉴스로 먼저 국민에게 알리기 위해서입니다. 영문을 모르는 국민은 TV를 통해 쿠데타가 일어났으며 성공했다는 사실을 알게 됩니다. 왜 쿠데타 세력이 맨 먼저 방송국을 점령할까요?

미디어를 통해 쿠데타의 성공을 선언하지 않으면, 국민에게 성공을 확인시킬 수 없기 때문입니다. 성공을 확인할 수 없게 되면 또 다른 세력이 쿠데타 세력에 맞서서 싸움을 벌일 수도 있습니다. 그래서 쿠데타 세력들은 항상 방송국부터 점령하려고 합니다. 이들이 점령한 뒤에 하는 말은 한결같습니다. "국민은 동요하지 마십시오." 이렇게 시작하는 말은 결국 국민에게 함부로 저항하는 행동을 하지 말라는 경고입니다. 우리나라 역사에도 과거 이런 경험이 있습니다. 미디어의 위력을 잘 보여 주는 사례입니다.

미디어는 이처럼 현대 사회에서 개인의 생각과 행동에 매우 큰 영향력을 발휘합니다. 그래서 미디어와 단절된 생활을 할 경우에는 매우 심각한 문제에 빠지기도 합니다. 우선 미디어를 보지 않으면 우리 주변에서 어떤 중요한 사건이 발생하는지 알지 못합니다. 해외에서 어떤 일이 벌어지고 있는지, 그것이 우리나라에는 어떤 영향을 미치게 되는지 등도 알 수 없게 됩니다. 따라서 미디어는 우리에게 매일 주요한 정보와 뉴스를 제공하여 올바른 판단과 행동을 하도록 돕고 있습니다.

# 여론을 형성하고
# 권력을 감시하는

# 미디어


대통령을 우리의 손으로 직접 뽑는 것이 당연한 것인가요? 꼭 그렇지는 않습니다. 우리나라는 과거 대통령을 우리의 손으로 직접 뽑지 못하던 시절이 있었습니다. 국민의 뜻과는 다른 대통령이 혼자 출마하여 체육관에서 대의원에 의해 선출되던 시절이 있었습니다. 그렇게 뽑힌 대통령은 국민을 무시하고 자기 멋대로 정책을 펴는 등 독재자 노릇을 했습니다. 국민은 분노했고 거리에 나와 데모했습니다.

이 과정에서 일부 국민은 잡혀가기도 하고 심지어 목숨을 잃는 일도 있었습니다. 그래도 많은 국민이 대통령을 뽑는 방식이 잘못됐다는 주장을 굽히지 않았습니다. 결국 국민의 뜻, 즉 여론이 이

주니어 대학

겨서 마침내 국민이 직접 대통령을 뽑는 방식으로 헌법이 바뀌었습니다. 그것이 1987년의 일입니다. 그 후 우리나라는 국민의 직접 선거로 대통령을 선출하고 있습니다.

미디어가 국민의 뜻을 정확하고 공정하게 전달하면 정부는 국민의 뜻에 맞는 정책을 만들 수 있습니다. 반대로 미디어가 제 역할을 못하게 되면 국민의 뜻은 무시당할 수 있습니다. 이처럼 미디어는 국민의 생각 즉 여론을 정직하게 정부에 전달하는 것이 첫 번째 의무입니다. 그것은 곧 정부가 정책을 세우고 결정하는 데 주요한 바탕이 됩니다. 민주주의를 흔히 여론 정치라고 하는 것은 바로 미디어 역할의 중요성을 의미합니다. 그래서 미디어를 여론 매체라고도 부릅니다.

민주주의 국가는 입법부, 사법부, 행정부 즉 3부로 구성되어 있습니다. 이들 제3부를 견제, 감시하는 중요한 역할을 미디어가 담당한다고 해서 '제4부'라고 일컫습니다. 미디어를 제4부라고 부르는 것은 정치는 물론 우리 사회의 부정과 부패, 비리 등 곳곳의 문제점을 감시하고 고발하는 역할이 막중하기 때문입니다.

얼마 전 외교 통상부에서 고위 직책에 민간인을 특별 채용하는 일이 있었는데, 외교 통상부 장관의 딸을 부당하게 채용했습니다. 한 방송사에서 이런 잘못을 알고 보도하게 됐습니다. 국민 여론은 '불공정하고 부당한 특별 채용'이라며 분노를 표시했습니다. 언론

은 이를 대대적으로 보도했습니다.

결국 성난 여론에 굴복하여 장관의 딸은 특별 채용을 포기했고, 그 장관도 사표를 내며 일이 마무리됐습니다. 미디어의 감시, 견제 역할이 없었다면 이는 불가능한 일이었지요. 사회적으로 언론의 중요성이 얼마나 대단한가를 짐작할 수 있습니다. 이것을 미디어의 권력 감시 역할이라고 부르기도 합니다.

미디어는 환경 보호 역할도 한다. 지방 자치 단체들은 기업을 유치하고 사람들을 끌어들이기 위해 산을 깎고 파헤치는 일을 예사로 한다. 이때 미디어는 개발의 당위성이 있는지, 또한 개발에 필요한 정당한 절차를 거쳤는지 등을 확인하고 검증하는 역할을 한다.

미디어는 우리 사회에서 인권을 보호하는 일도 하고 있습니다. 부당한 협박이나 위협에 대해 미디어가 고발하게 되면 이것은 곧바로 바로잡을 수 있는 계기가 되기도 합니다.

얼마 전 경찰에서 한 시민을 수사하는 과정에서 고문한 사건이 발생했습니다. 21세기 현대 사회에서 고문은 불법입니다. 그럼에도 불구하고 2011년 서울의 한 경찰서 경찰관이 고문을 자행한 사실을 미디어가 알아내어 고발한 것입니다. 이런 사실이 알려지자 국민은 분노했고 경찰 최고 책임자는 즉각 관련자를 문책하고 다시는 고문 같은 불법 행위가 일어나지 않도록 조치를 취하게 됐습니다. 국민이 부여한 권력을 남용하게 되면 국민의 인권을 침해하게 된다는 사실을 기억해야 합니다.

# 미디어는
# 문화와 예술의

# 전도사

미디어는 또한 문화와 예술을 전파하는 역할을 합니다. 국민의 인기를 끈 드라마 '겨울연가', '대장금' 등은 외국에서도 인기가 대단합니다. 우리나라를 잘 모르는 외국인들은 드라마나 영화를 통해 우리의 문화를 칭찬하고 동경합니다. 드라마나 영화는 그 나라의 문화 상징물입니다. 물론 현실과 차이가 있지만 외국인은 이것을 통해 간접 경험과 지식을 쌓는 것입니다.

요즘은 우리나라 TV에서 인기리에 방영된 드라마나 영화가 해외의 미디어를 통해 전 세계에서 방영되는 경우가 종종 있습니다. 미디어가 한국 문화 발전의 산실이 되고 있다는 표현이 나올 정도입니다.

특히 싱가포르, 말레이시아, 필리핀, 인도네시아, 태국 등 동남아 국가에서는 거의 매일 한국 드라마 한두 개씩은 꼭꼭 방영됩니다. 그것도 저녁 황금 시간대에 한국 드라마를 보여 주고 있을 정도로 인기가 대단합니다.

드라마나 영화뿐만 아닙니다. 케이팝으로 유명한 소녀시대, 카라 등은 해외 TV에서도 자세하게 소개될 정도로 유명합니다. 미디어를 통해 스타가 된 연예인들이 해외 미디어를 통해 우리의 문화를 선전, 전파하는 데 큰 역할을 하고 있는 모습입니다. 이제 한국은 문화 수출국이라는 말이 자연스럽게 나올 정도입니다. 여기에는 미디어의 역할이 매우 컸다고 하겠습니다.

그만큼 우리나라의 위상도 달라졌습니다. 과거에는 해외에서 한국이란 나라를 잘 몰랐습니다. 대부분 중국과 일본 정도를 아시아의 대표 국가로 해외 미디어에서 다뤘습니다. 그러나 우리나라의 뛰어난 케이팝 스타, 드라마 등이 히트를 치면서 한국이란 나라를 주목하기 시작했습니다. 이제 해외에서 한국은 첨단 기술이 발달한 경제 강국, 뛰어난 문화와 예술이 있는 국가로 인식되고 있습니다. 미디어의 활동이 활발해지고 국가 간 문화 교류가 활성화되면서 일어난 결과입니다.

# 투명 사회를
# 만드는

# 뉴 미디어


미디어의 발달은 사회적으로 많은 변화를 가져왔습니다. 특히 고위 공직자를 꿈꾸는 사람들은 자신의 경력을 잘 관리하기 위해 애쓰게 됐습니다. 여기에는 인터넷을 중심으로 하는 뉴 미디어의 역할이 컸습니다.

인터넷 언론의 등장으로 선거에 출마한 후보자들의 병역 관계, 세금 납부 내역, 범죄 사실 등을 자세하게 알 수 있게 됐습니다. 이 것이 1990년대의 일입니다. 그 전에는 대통령, 국회 의원 등의 후보자들이 파렴치한 범죄자나 세금 납부를 하지 않은 사람인지를 알 수 없었습니다. 왜냐하면 선거 관리 위원회에서 후보자들의 신상 정보를 공개하지 않았기 때문입니다.

그러나 이제 국민의 선택을 받고자 하는 사람이라면 함부로 범법 행위를 해서는 안 된다는 자각을 하게 되었습니다. 선거 관리 위원회가 후보자들의 신상 정보를 공개하기로 결정한 뒤로 미디어가 사실 관계를 철저하게 검증하여 보도하기 때문입니다. 미디어의 이런 영향력은 앞으로 더욱 강력해질 가능성이 높습니다. 뉴미디어의 등장은 자질 미달의 후보를 사전에 걸러 내고 보다 책임 있고 능력 있는 사람을 선발할 수 있게 해 주었습니다.

미디어가 발달한 사회에는 소위 비밀이 줄어들게 됩니다. 인터넷을 통해 각 기관이나 개인이 보다 촘촘하게 연결된 사회가 되는 것입니다. 과거에는 밀실에서 몇몇 사람이 모여서 중요 사항을 결정해도 일반 국민들은 알 수가 없었습니다. 그러나 현대 사회는 인터넷을 통해 개인의 사생활은 물론 비밀스러운 정보까지도 공개되는 사회가 되었습니다. 이를 개방 사회라고도 부릅니다. 개방 사회에서는 공공 정보가 모두 공개되고 비밀이 줄어드는 만큼 비리나 부패 건수도 줄어들고 있습니다.

우리나라는 아직 제대로 된 개방 사회로 가지 못하고 있습니다. 국가의 주요 사항이나 정보가 비밀에 붙여지는 경우가 많고 여전히 권위주의적 폐쇄성을 유지하고 있기 때문입니다. 국제 투명성 기구는 해마다 국가별로 부패 지수(CPI, Corruption Perceptions Index)를 발표합니다. 부패 지수는 10점을 만점으로 높으면 그 사회의 투명성, 개방성이 높은 것으로 해석합니다. 낮을 경우 그 사회의 투명성과 개방성은 문제가 많다는 척도로 사용합니다.

뉴질랜드, 스웨덴, 노르웨이 같은 나라는 부패 지수가 평균 9.6~9.8까지 나오는 세계 최고의 투명, 개방 국가로 분류됩니다. 반대로 중국, 쿠바, 캄보디아 등은 부패 지수가 평균 2.5~4.0 사이로 매우 낮게 나타납니다. 이것은 폐쇄 사회, 비밀 사회로 투명성이 매우 낮다고 표현합니다. 미디어의 활동도 매우 제한적이고 사회 감시 역할을 제대로 하지 못한다는 평가를 받습니다. 일반적으로 부패 지수가 높은 나라는 공통적으로 선진국입니다. 반대로 부패 지수가 낮은 나라는 경제적으로 못살면서 폐쇄된 사회로 분류됩니다.

우리나라는 어느 정도로 평가되고 있을까요? 우리나라는 매우 예외적인 평가를 받고 있습니다. 경제적으로는 잘사는 선진국 수준이면서 투명성과 개방성은 낮은 매우 폐쇄된 사회라는 것입니다. 우리의 일반적 인식과는 달리 부패 지수는 부끄러울 정도로 낮게 나타나고 있습니다. 매년 평균 4.8~5.4 수준에서 맴돕니다. 이는 아직 투명 사회, 개방 사회에 이르지 못하고 있다는 수치입니다. 미디어의 활동도 그만큼 부족하고 제약이 있다는 반증입니다. 미디어가 재정 면에서 자립성이 약할 때 권력의 영향력 아래에 놓여 정직한 역할을 하지 못하는 경우도 종종 있습니다.

미디어는 사회적으로 중요한 역할을 하기 때문에 미디어 교육은 점점 더 중요해지고 있습니다. 미디어가 순기능을 할 때 사회가 발전하지만 역기능 또한 만만치 않은 결과를 가져옵니다. 미디어가 스스로 불법 행위의 장본인이 될 때 민주주의는 위기에 처하게 됩니다. 미디어의 역기능을 최소화하고 순기능을 극대화시키는 방안은 앞으로 풀어야 할 숙제인 셈입니다.

# 03

# 방송국에서
# 어떤 일을
# 하나
# ?

# 정직한

# 기자

기자는 한자어로 기자(記者)로 표기하며 주로 '글을 쓰는 사람'을 의미합니다. 이것은 신문이나 잡지 등에 한정된 말이고 방송에서의 기자는 주로 '글을 말로 표현하는 사람'을 뜻합니다. 그러니 기자는 말이나 글로 뉴스나 정보를 전달해 주는 사람으로 정의할 수 있습니다.

기자는 영어로는 리포터(reporter), 저널리스트(journalist)라고 합니다. 기자나 피디 등을 아울러 언론인이라고 부르기도 합니다. 기자와 소설가는 공통적으로 글을 쓰는 사람임에는 틀림없지만 많은 차이가 있습니다. 소설가는 자신의 상상을 활용하여 가공의 인물, 가공의 이야기를 만들어 내는 창작 활동을 하는 사람입니

다. 그러나 기자는 상상이나 가공의 인물은 철저히 제외시켜야 합니다. 현실에서 실제로 일어난 일, 믿기 힘들지만 실제로 존재하는 일을 다루고 전달하는 사람이기 때문입니다.

따라서 기자에게 요구되는 첫 번째 자질은 정직함입니다. '벌거벗은 임금님'을 보고 '벌거벗었다'고 표현할 수 있다면 그는 기자가 될 중요한 자질을 갖췄다고 볼 수 있습니다. 정직하기 위해서는 용기가 필요합니다. 때로 용기는 자신을 위험에 빠트리기도 합니다. 그러나 용감해야 정직할 수 있습니다.

예를 들어 보겠습니다. 반에서 싸움에는 짱이라고 불리는 왕짱이 담임 선생님 책상 서랍을 열고 돈을 훔쳐 가는 것을 우연히 병준이와 영식이, 윤지 이렇게 셋이 함께 보았다고 합시다. 왕짱은 주먹을 들고 셋에게 '선생님에게 알리면 가만두지 않겠다'라고 협박했습니다. 평소에도 폭력적인 왕짱의 위협은 너무나 무섭습니다. 선생님은 반 아이들을 모아 놓고 누구 소행인지 말하라고 합니다. 여러분이면 과연 어떻게 하겠습니까?

심약한 윤지는 차라리 보지 않았더라면 하고 후회하면서 차마 용기를 낼 수 없습니다. 선생님보다 왕짱이 더 무섭다고 생각하는 영식이는 스스로 아무것도 모른다고 다짐합니다. 병준이도 왕짱이 무섭기는 마찬가지입니다. 그러나 한편으로 괜히 아무 죄도 없는 다른 많은 학생이 의심받고 단체로 기합받는다는 것은 부당하

정치부 기자는 청와대와 국회, 각 정당 등을 출입하면서 정치인들의 이야기를 주로 보도한다. 사회부 기자는 각종 사건, 사고 등을 보도한다. 경제부 기자는 산업, 금융, 경제 등에 관한 기사를 보도한다. 국제부 기자는 해외에서 벌어지는 외국 뉴스를 정리하거나 때로는 직접 현장에 가서 뉴스를 만들기도 한다. 문화부 기자는 음악, 미술, 연극 등 다양한 예술 분야를 전문적으로 다룬다. 체육부 기자는 다양한 스포츠 행사를 보도한다.

다는 생각이 듭니다. 이런저런 고민 끝에 병준이는 담임 선생님을 찾아가서 자신이 목격한 것을 말합니다.

이렇게 용기를 내 진실을 말한 병준이는 기자가 될 자질을 갖췄습니다. 기자는 어려운 여건, 불리한 상황에서도 진실을 정직하게 말할 수 있는 사람이 잘할 수 있습니다. 기자는 중요한 사건이나 정치적으로 중요한 위치에 있는 사람이 관여된 일을 보도해야 하는 경우가 많습니다. 이럴 때 외부의 압박이나 유혹 등을 받게 되기 쉬운데 정직하지 않으면 진실이 왜곡될 수 있습니다.

기자에게 정직만큼 중요한 것이 표현 능력입니다. 말이나 글은 정확하게 표현하지 않으면 오해를 불러일으킬 수 있습니다. 정확하게 전달하는 표현 능력이 좋으려면 국어 실력이 뛰어나야 합니다. 국어를 좋아하거나 국어 과목을 잘하는 학생은 기자직에 도전할 만합니다.

기자에게 필요한 또 하나의 자질은 호기심입니다. 기자는 기본적으로 남의 이야기, 남의 불행이나 행운 등을 전하는 사람입니다. 때로는 이야기를 찾아 외국으로 나가기도 하지요. 때로는 전과

22범을 만나서 이야기를 듣고 때로는 박찬호, 최경주, 김연아 같은 유명 운동선수도 만나 자세한 이야기를 나눕니다. 그런 다음 진솔하게 정리하여 전달하기 위해서는 타인의 삶에 대한 호기심이 절대적으로 필요하지요.

　기자는 자신이 활동하는 분야에 따라 다양하게 나눠집니다. 정치부 기자, 사회부 기자, 경제부 기자, 국제부 기자, 문화부 기자, 체육부 기자, 사진부 기자 등이 일반적입니다. 어떤 경우든 기자는 정확하고 공정한 뉴스를 만들어 국민에게 서비스하는 것이 주 업무입니다.

# 방송국의 왕

# 피디

피디(PD)는 흔히 프로듀서(producer)라고도 하지만 때로 프로그램 책임자(program director)라는 말도 사용하고 있습니다. TV나 라디오 등 방송사에만 있는 독특한 직업이 바로 피디입니다.

피디는 프로그램을 기획하고 내용을 구성하고 출연자를 정하는 등의 일을 합니다. 따라서 PD는 작가, 출연자 등과 함께 프로그램을 제작하는 실질적 책임자로서 일하는 것입니다. 예를 들면 피디는 「개그 콘서트」라는 코미디 프로그램을 통해 많은 사람에게 재미와 웃음을 선사하지만 시청자들은 인기 개그맨만 기억할 뿐입니다. 그러나 누구를 어느 코너에 배치할지 어떤 코너를 새롭게 만들거나 없애야 할지 등의 결정은 피디가 하게 됩니다. 피디는 시청자들의 눈에 보이지 않지만 가장 막강한 권한을 행사합니다. 새로운 프로그램을 만들거나 새로운 개그맨, 연예인을 스카웃하는 등의 중요한 일은 모두 피디의 일입니다.

피디의 일은 기자의 일과 전혀 성격이 다르기 때문에 요구되는 자질도 많이 다릅니다. 피디에게 첫째로 요구되는 자질은 인내심과 통합 능력입니다. 피디는 작가, 카메라 기자, 출연자 등 최소한 5~6명과 함께 팀으로 일을 합니다. 팀으로 일을 할 때면 개성이 강한 사람, 시간 약속을 지키지 않는 사람 등 별의별 사람과 함께 일해야 하기 때문에 인내심과 통합 능력이 중요하지요. 이를 다르게 표현하면 사람과의 관계가 좋아야 한다는 것입니다. 개인적인 사람, 너무 개성이 강한 사람은 피디 직업에 맞지 않는 경우가 많습니다.

피디는 또한 설득력이 뛰어나야 합니다. TV 방송은 서로 출연하려고 하는 경우가 많지만 출연하지 않으려는 사람들도 많습니다. 프로그램 성격에 따라 다르긴 하지만 어떤 경우든 피디는 출연하지 않으려는 사람을 설득하여 방송에 나오게 하는 능력이 중요합니다. 이를 방송가에서는 '섭외력'이라고 부릅니다. 그래서 '피디의 능력은 섭외력에 비례한다.'라는 표현도 있습니다.

피디에게 또 하나 중요한 요소는 보다 따뜻한 마음, 타인에 대한 배려심이 있어야 한다는 것입니다. 방송 프로그램은 사람이 만드는데, 사람의 도움을 받지 못하면 좋은 프로그램을 제작할 수가 없지요. 그래서 피디들을 만나 보면 대부분 이해심이 깊고 친절하다는 말을 합니다. 팀을 이끌어가는 팀장은 각 팀원들의 일을 잘 이해하고 도와줘야 합니다. 피디는 바로 이런 팀장으로서의 일을 잘해야 합니다. 그래서 방송가에서는 기자들보다 피디들이 인간성이 더 좋다는 식으로 농담도 합니다. 그러나 이 말은 단순한 농담이라기보다는 직업의 성격이 그렇게 만드는 측면도 있다고 봅니다.

피디는 또한 예리한 분석력과 통찰력이 있어야 합니다. 새로운 프로그램을 만들기 위해서 일 년에 봄, 가을 두 번씩 개편 회의를 할 때 어떤 프로그램을 만들고 누구를 출연시키는 게 좋을지 분석해 낼 수 있어야 합니다. 유행의 트렌드, 사회의 흐름과 민심의 변화에 민감해야 합니다. 특히 피디는 사람을 볼 줄 아는 눈이 필요합니다. 무명의 연예인을 대스타로 만드는 것도 피디의 능력입니다.

피디도 기자처럼 분야별로 나눠서 일을 합니다. 뉴스나 시사 등의 프로그램을 담당하는 피디를 시사 교양 피디라고 합니다. 시사 교양 피디는 보다 학구적이고 다방면에 걸쳐 상식이 풍부해야 합니다. MBC의 「PD 수첩」은 대표적으로 시사 교양 피디들이 만드는 프로그램입니다. 이 프로그램에서는 피디가 아나운서나 기자를 대신하여 직접 나와서 진행까지 맡아서 합니다.

환경 다큐멘터리 피디는 환경 분야에 거의 전문가 수준이 돼야 합니다. 환경을 사랑하고 보존하는 데 관심이 있어야 이 일을 할 수 있습니다. 「남극의 눈물」, 「아마존의 눈물」 등은 대표적인 환경 다큐멘터리입니다. 이런 프로그램을 촬영하기 위해서는 최소한 몇 달씩 해외에서 머물러야 합니다. 또한 열악한 환경에서도 견뎌 낼 수 있어야 합니다.

드라마 피디는 창의력이 뛰어나야 합니다. 사극이나 주말 연속 극 등 드라마를 찍는 피디는 다른 프로그램을 만드는 피디와 성격 이 아주 다릅니다. 거의 영화감독처럼 많은 출연진을 구성하고 작 가와 긴밀하게 호흡하며 흥미와 긴장감을 창조해 냅니다.

개그맨을 출연시켜 우리에게 많은 웃음을 선사하는 프로그램 을 만드는 사람을 연예 오락 피디라고 합니다. 진행은 누구에게 맡길 것인지, 이번 출연자들은 어떤 팀으로 구성할 것인지, 무엇을 보여 주고 어떤 이야기를 들려줄 것인지 작가와 함께 상의하여 전 체 프로그램을 구성합니다.

따라서 방송국에서 피디는 왕으로 불립니다.

# TV의 꽃

# 아나운서

아나운서는 늘 카메라 앞에 앉아서 시청자에게 직접 뉴스를 전합니다. 아나운서의 자질 가운데 가장 중요한 요소를 꼽으라고 한다면 전달력과 순발력이라고 할 수 있을 것입니다.

아나운서를 영국에서는 뉴스 리더(news reader)라고도 부릅니다. 뉴스를 읽어 주는 사람이라는 뜻이지요. 똑같은 내용을 읽더라도 누가 어떻게 읽느냐에 따라 전달력이 달라집니다. 전달력을 높이기 위해서는 우선 표준어를 정확하게 구사해야 합니다. 이와 함께 뉴스의 성격에 따라 감정을 함께 전달할 수 있어야 전달력이 높아집니다.

한 방송국의 아나운서는 슬픈 뉴스를 전하는 과정에 살짝 웃는 일이 있었습니다. 네티즌들이 화가 나서 방송국 게시판에 '남의 죽음을 전하는 뉴스에 그럴 수 있느냐?'라고 항의했습니다. 방송국이 사과하고 그 아나운서도 따로 사과했습니다만 징계를 받았습니다.

전달력을 높이기 위해 아나운서는 의상도 까다롭게 규정됩니다. 화장의 정도와 옷에 장식품을 다는 것도 모두 규제 대상이 됩니다. 헤어 스타일까지도 너무 튀지 않도록, 너무 거부감을 주지 않도록 제한하는 이유가 바로 전달력에 방해가 되어서는 안 되기 때문입니다.

전달력을 높이기 위해 방송사는 조명의 세기도 조절하고 화장도 방송용으로 따로 전문적으로 하게 합니다. 아나운서는 가급적 신뢰감을 주는 미소를 짓도록 연습합니다. 시청자의 거부감을 없애고 전달력을 높이는 데 도움이 되기 때문입니다.

전달력을 뛰어나게 하는 가장 중요한 요소는 바로 표현력, 어휘 구사력입니다. 아나운서는 국어 공부를 통해 언어를 정확히 사용하는 방법을 터득해야 합니다. 풍부한 어휘 구사력은 전달력 향상의 기본 조건입니다.

아나운서는 또한 순발력이 있어야 합니다. 여기서 순발력이란 임기응변에 능해야 한다는 것입니다. 방송은 시간과의 전쟁입니다. 정확하게 몇 분 몇 십 초까지 끝내야 할 때는 꼭 지켜야 합니

다. 아나운서는 한쪽 귀에 뭔가 하나를 꽂고 있습니다. 그것은 바로 방송국 조정실에서 이 모든 상황을 통제하고 있는 피디와 대화를 주고받기 위한 장치입니다. 아나운서는 피디의 말과 지시를 듣고 이를 정확하게 수행해야 합니다.

아나운서에게 외모는 경쟁력이라고 표현할 정도이다. 특히 한국은 그 정도가 매우 심한 편이다. 외국의 방송은 때로 할머니, 할아버지가 나와서 진행한다고 말할 정도로 베테랑급 아나운서들이 존중받는 반면에 한국은 젊고 예뻐야 한다는 의식이 강한 편이다. 아나운서에게 외모는 중요하지만 그보다 더 중요한 것이 바로 신뢰감이다.

예를 들면 아나운서가 뉴스를 진행하는 과정에 갑자기 전화 연결을 하기로 약속한 사람이 연락이 되지 않을 수 있습니다. 그러면 피디는 뉴스 시간을 1~2분 더 늘려서 진행하라고 말합니다. 이때 눈치껏 아무 일도 없는 듯 자연스럽게 방송 진행 시간을 맞추는 것이 바로 아나운서의 순발력입니다.

얼마 전 MBC에서 일어난 일입니다. 두 명의 아나운서가 뉴스를 진행하다가 갑자기 한 아나운서가 두통을 호소했습니다. 생방송 중이라 어떻게 할 수 있는 방법이 없었습니다. 조정실의 피디는 두통을 호소하는 아나운서를 조용히 물러나게 했습니다. 사정을 모르는 한 아나운서에게는 당혹스러운 일이었지만 순발력을 발휘하여 혼자서 뉴스 진행을 무사히 마쳤습니다. 생방송 중에 이런 일이 생기면 아나운서는 정말 힘들어집니다.

이런 돌발 상황은 가끔씩 벌어지는 만큼 아나운서는 위급 상황에 대처할 수 있는 순발력을 기르는 데 힘을 쏟습니다. 아나운서가 당황하면 방송 사고로 이어집니다. 그래서 아나운서는 담력을 키우고 침착함을 유지하는 법도 배웁니다.

주니어 대학

# 기동성이
뛰어난

## 카메라 기자

신문은 읽는 미디어인데 반해 방송은 보여 주는 미디어입니다. 방송국에서 카메라의 중요성은 매우 높습니다. 방송국의 기자나 피디가 아무리 애써도 카메라 기자의 현장 촬영이 없다면 제대로 방송을 내보낼 수 없습니다. 따라서 방송국의 카메라 기자는 다양한 장비와 함께 언제든지 출동할 수 있는 준비가 돼 있어야 합니다.

카메라 기자는 카메라만 챙겨서는 안 됩니다. 때로는 빛이 부족하거나 없는 곳에 대비해서 조명도 준비해야 합니다. 소리도 녹음해야 하기 때문에 음향 기기도 무선, 유선 등 모두 완벽하게 갖춰놓아야 합니다. 카메라 기자는 때로는 무거운 장비, 최첨단 장비

등을 다루고 차질 없이 준비해야 하기 때문에 여러 가지 능력이 동시에 필요합니다.

방송국 카메라 기자에게 요구되는 첫 번째 자질은 기동성입니다. 현장에 출동하거나 현장을 생생하게 카메라에 담기 위해서는 어떤 상황에서도 119 구급차처럼 뛰쳐나갈 준비가 돼 있어야 합니다. 사건, 사고는 예고 없이 터지는 법입니다. 우리가 안방에서 지진, 화재 등 대사건을 볼 수 있는 이유가 바로 그런 현장에 방송사 카메라 기자가 서 있기 때문입니다.

카메라 기자는 또한 용감해야 합니다. 현대식 첨단 장비로도 찍을 수 없다고 판단되면 카메라 기자는 위험한 현장에 직접 뛰어들기도 합니다. 전쟁의 폐해, 환경 파괴의 현장 등 사고의 위험이 도사리는 곳에도 들어가야 하는 직업이 바로 카메라 기자입니다.

카메라 기자는 인내력도 강해야 합니다. 중요한 한 컷을 잡기 위해 몇 날 몇 달을 기다리고 또 기다려야 할 때도 있습니다. 모기에 물리면서도 열사병에 걸리면서도 철수하지 않고 원하는 장면을 잡아낼 때까지 기다리는 힘이 카메라 기자에게 필요한 것입니다.

카메라 기자는 자신의 분야에 전문 지식이 필수입니다. 요즘은 일반 기자도 카메라를 갖고 다니며 필요한 장면을 찍기 때문에 카메라 기자의 위상이 흔들립니다. 카메라와 전자, 통신 기기 등의 장비가 융합되면서 보다 전문적 지식이 요구되고 있습니다.

# 04

# 언론의
# 자유란
# 무엇일까
# ?

# 표현의
# 자유가

# 중요해!

　　표현의 자유는 헌법이 보장한 인간의 기본 권리 중 하나입니다. 세계 인권 선언에도 표현의 자유를 강조하는 말이 들어가 있습니다. 표현의 자유란 누구나 자신이 믿는 바를 자유롭게 말할 수 있는 권리를 말합니다.

　　좀 더 쉽게 예를 들어 보겠습니다. 서울의 한 학교에서 다문화 가정 출신 블랑카가 반 친구들로부터 따돌림을 받고 있습니다. 따돌림 정도가 아니라 때로는 구타를 당하고 부당한 심부름까지 해야 합니다. 반 친구 모두가 그런 것이 아닙니다. 반에서 힘이 제일 세고 아버지가 국회 의원인 박살래와 그 일당 5명이 주로 그렇게 하고 있습니다. 담임 선생님의 눈을 피해 괴롭히기 때문에 선생님

은 블랑카가 얼마나 힘들어하는지 잘 모릅니다.

블랑카가 용기를 내 담임 선생님께 박살래의 행패를 이야기했지만 그 친구들 5명이 합심해서 그렇지 않다고 거짓말을 했습니다. 선생님은 5명의 목소리를 믿는 듯했습니다. 블랑카는 고자질했다고 더 얻어맞아야 했습니다.

이를 본 반 친구들도 마음속으로는 블랑카에 대한 동정심이 있었지만 차마 나서서 선생님께 진실을 말할 수 없었습니다. 박살래의 주먹과 그 일당 5명을 도저히 감당할 수 없었기 때문입니다.

반 친구들은 사실상 표현의 자유를 잃은 것입니다. 대부분의 반 친구들은 하고 싶은 말을 하지 못하고 있는 것입니다. 표현의 자유란 대단한 것이 아닙니다. 우리 일상생활에서 어떤 협박이나 유혹에 굴하지 않고 자신의 생각이나 신념을 자유롭게 말할 수 있는 권리를 말합니다. 표현의 자유는 누구에게나 동등하게 주어지는 것입니다. 그러나 박살래는 표현의 자유를 남용한 것이고 반 친구들은 표현의 자유를 훼손당한 것입니다.

이 같은 사례는 힘에 의해 표현의 자유가 쉽게 침해당하는 경우입니다. 우리 사회에서는 이런 경우가 아니더라도 개인의 표현의 자유가 훼손당하는 사례를

세계 인권 선언에서는 '인간은 어떤 상황에서든 누구도 어떤 두려움 없이 자신의 의견을 자유롭게 표현할 수 있는 권리를 지닌다.'라고 명시하고 있다. 이는 모든 국가의 국민이 누릴 수 있는 인간의 가장 기본적인 권리로 규정된다.

흔하게 목격할 수 있습니다. 계급이나 나이에 의해 개인이 누릴 수 있는 표현의 자유는 제한당하기 쉽습니다. 직장이나 사회 생활에서도 누가 어떤 위치에 있느냐에 따라 표현의 자유는 각각 다릅니다. 배운 자와 배우지 못한 자, 가진 자와 가지지 못한 자, 지배자와 피지배자, 남성과 여성 등 상황과 문화에 따라 표현의 자유는 천차만별입니다.

개개인이 표현의 자유를 누리기 위해서는 어느 정도 용기도 필요합니다. 또 상호 의견을 존중하는 그 사회의 문화와 질서, 평균적 인식이 매우 중요합니다. 서로가 서로의 의견을 존중하는 사회는 표현의 자유가 활발해지게 됩니다.

# 언론의 자유는

# 표현의 자유를
# 전제로 한다

　　　　언론의 자유는 언론사 설립의 자유와 뉴스 보도
의 자유 등을 포괄합니다. 민주주의 국가는 모두 언론의 자유를
보장하고 있습니다. 그만큼 민주주의 사회에서 언론의 역할은 중
요하기 때문입니다. 반대로 독재 국가는 하나같이 언론의 자유를
허용하지 않고 있습니다.

　우리나라도 과거 군사 정권 시절에는 언론의 자유를 허용하지
않았습니다. 대통령을 비판하거나 그 정책에 대해 문제를 제기하
는 뉴스를 내보내면 '국가 원수 모독죄' 등의 무시무시한 말로 수
사 기관에 끌려가야 했습니다. 자유로운 언론은 국민 개개인에게
주어진 표현의 자유를 전제로 합니다. 표현의 자유가 어느 정도

주어졌느냐는 곧바로 민주주의 성숙도와 비례 관계에 있습니다.

현재 우리나라는 마음만 먹으면 언론사를 만들 수 있습니다. 인터넷 언론, 신문사, 방송사 등을 자유롭게 설립할 수 있는 자유가 주어져 있는 것입니다. 그러나 1988년 이전만 하더라도 언론사 설립의 자유는 주어지지 않았습니다. 독재자와 독재 정권은 언론의 자유가 자신들에게 별로 도움이 되지 않는다고 판단했기 때문입니다.

이제 우리나라에서 더 이상 언론사 설립에 대한 논란은 없습니다. 그러나 뉴스 보도의 자유에 대한 논란은 여전합니다. 언론의 자유는 편집권 독립의 문제와도 직결됩니다. 언론의 자유가 주어져야 편집권 독립이 이루어질 수 있기 때문입니다.

'언론의 자유는 모든 자유를 자유롭게 한다.'라는 표현이 있습니다. 언론의 자유가 없다면 표현의 자유도 편집권 독립도 없다는 것이지요. 민주주의 사회의 대전제 조건으로 언론의 자유를 꼽습니다.

우리나라에서는 그동안 민주주의가 발전하면서 언론의 자유도 꾸준히 개선되어 왔습니다. 그러나 대통령이 누구냐에 따라 언론의 자유가 침해당하는 경우도 있으니 아직 개선의 여지가 있다고 하겠습니다.

# 편집권 독립은

# 언론 자유의
# 핵심

지구상 모든 언론사에 '편집권 독립'은 영원한 숙제가 되고 있습니다. 편집권 독립이란 기자가 취재한 뉴스를 자유롭게 보도할 수 있는 것을 말합니다. 후진국의 언론사에는 편집권 독립 사례가 거의 없다고 볼 수 있습니다. 예를 들면 북한이나 캄보디아 같은 나라에도 언론사가 있지만 편집권이 독립되어 있다고 할 수 없습니다. 왜냐하면 그곳에서는 기자가 국민을 위해 자유롭게 뉴스를 보도할 수 없기 때문입니다.

선진국의 언론사에는 비교적 편집권이 독립되어 있다고 표현합니다. 그러나 정도의 차이가 있을 뿐 편집권 독립이 완전하게 이루어졌다고 보기는 힘듭니다. 예를 들면 미국이 이라크를 침공할 때

미국의 언론은 모두 미국 편을 들었습니다. 당시 부시 대통령은 이라크에 대량 살상 무기가 숨겨져 있다는 거짓 주장을 했습니다. 또한 이라크 정부가 테러리스트 오사마 빈 라덴을 숨겨 주고 있다는 주장을 내세우며 무력 침공을 했습니다. 이 두 가지에 대한 부시 전 대통령의 주장은 훗날 모두 허위로 드러났습니다.

영국 언론은 미국 대통령의 주장이 거짓이었으며 이를 미국 언론이 사전에 알았다고 주장했습니다. 미국의 대다수 언론은 부시 대통령 편을 들면서 전쟁의 당위성, 정당성을 주장하는 데 앞장섰습니다. 이 때문에 훗날 미국 언론사의 편집권 독립이 훼손되었다는 국제적 비판을 받았습니다.

편집권 독립은 진실을 정직하게 보도하는 데 절대적으로 필요합니다. 그러나 편집권 독립을 가로막는 세 가지 큰 압력 혹은 유혹이 있습니다. 첫째는 정치 권력입니다. 정치 권력이 여러 가지 특혜를 제시하며 진실 보도를 막으려 할 때 언론사의 편집권 독립은 위기에 처하게 됩니다. 이런 경우가 있었습니다. 비교적 최근에 우리나라에서 일어난 일입니다.

한 대통령 후보가 언론계에서 매우 중요한 위치에 있는 어느 언론사 정치 부장에게 '도움'을 요청했습니다. 그 정치 부장은 특정 대통령 후보를 위해 불공정한 보도를 했습니다. 마침내 그 후보가 대통령에 당선됐습니다. 얼마 지나지 않아 그는 청와대 ○○ 수석

으로 스카우트됐습니다. 그동안 불공정한 보도를 해 준 데 보답하는 차원에서 장관급 수석 자리를 준 것입니다. 그는 끝까지 불공정 보도를 한 것이 아니라 '자신이 믿는 바 옳다고 생각한 것을 썼을 뿐'이라고 주장했습니다.

두 번째는 돈의 힘입니다. 흔히 자본 권력이라고 표현하는데 주로 재벌이 갖고 있는 막강한 경제력입니다. 언론사는 광고를 팔아서 수익을 올리기 때문에 재벌의 광고 유혹은 매우 강력합니다. 재벌에 비판적인 보도가 나가려 할 때 이를 막기 위해 수십 억짜리 광고를 제시하며 무마하려 합니다. 이때 언론사의 편집권 독립은 또한 위험하게 됩니다. 이런 일도 있었습니다.

한 재벌 회사가 만든 냉장고가 말썽을 일으켰습니다. 새로 산 것이 계속 고장을 일으키자 한 주부가 언론사에 고발한 것입니다. 기자가 취재를 하기 시작하자 그 제품 회사의 홍보 실장이 나섰습니다. 기자는 잘못된 제품을 판 것도 잘못이지만 그 후 애프터서비스도 제대로 해 주지 않은 재벌 회사의 후속 조치까지 문제 삼고자 했습니다. 그러나 그 재벌 회사는 기사화하지 않겠다면 5,000만 원짜리 광고 두 개를 연속으로 주겠다는 제의를 했습니다. 결국 광고 수입을 위해 그 냉장고 이야기는 기사화되지 못했습

주니어 대학

니다. 그런 유사 상황에서 고통을 받고 있는 소비자들은 불이익을 입을 수밖에 없었습니다.

세 번째는 종교 단체, 시민 단체 등 사회 이익 집단의 영향력입니다. 특정 종교 단체의 불법 감금, 살인 행위 등에 대해 진실을 보도하게 되면 열성 신도들은 방송국을 장악하거나 해당 기자나 피디를 살해하겠다고 협박까지 합니다. 이것은 또한 언론의 자유를 위협하는 요소가 됩니다. 한 방송국에서 실제로 일어난 일입니다.

방송국 기자가 한 기도원에서 엉터리 시술을 한다는 첩보를 입수하고 취재에 나섰습니다. 수많은 사람이 모여든 기도원에서 암 환자를 상대로 전혀 검증되지 않은 방식으로 치료하는 장면을 화면에 담았습니다. 전문 의료인이 아닌 사람의 치료 행위는 불법이기 때문입니다. 이 장면은 마침내 방영됐지만 기도원 신도들은 해당 기자에게 욕을 하거나 집을 찾아가 항의하는 일을 벌였습니다. 기자는 도망 다니고 가족은 다른 곳으로 피신해야 할 정도로 심각한 상황에 몰렸습니다. 방송국은 열성 신도들에 의해 점령당했습니다.

이처럼 편집권의 독립을 가로막는 압력들은 언론 자유를 심각한 위험에 빠뜨릴 수 있습니다.

# 명예 훼손은

# 곤란해!

언론의 자유를 너무 강조하게 되면 개인의 명예
가 훼손될 위험성이 있습니다. 명예란 한 개인이 사회적으로 받는
평가입니다. 함부로 명예가 훼손되지 않도록 법으로 보장해 줍니
다. 그러나 미디어는 때로 한 개인의 명예를 손상시키는 뉴스를 전
하기도 합니다. 미디어에는 언론의 자유가 필요하지만 동시에 개
인의 명예를 손상시킬 위험성도 존재하는 것입니다.

민주주의 사회는 언론의 자유를 한 기둥, 개인의 명예를 보호
하는 것을 한 기둥, 이렇게 두 기둥으로 지탱된다고 합니다. 문제는
언론의 자유와 개인의 명예가 때로 부딪히게 된다는 것입니다.

어떤 국회 의원이 대기업으로부터 수억 원의 불법 검은 돈을 받

았다는 주장이 나왔습니다. 본인은 받지 않았다고 했지만 돈을 준 사람은 "줬다."고 고백했습니다. 법적으로 아직 증명된 것은 아닙니다. 뉴스로 보도하게 되면 국회 의원의 명예는 크게 훼손될 수 있습니다.

더구나 그 국회의원은 "한 푼도 받지 않았다."라고 주장하면서 만일 보도하면 법원에 소송을 제기하겠다고 말했습니다. 미디어에서는 '언론의 자유'를 내세워 보도해야 하지만 개인의 명예는 어떻게 보호할 수 있을 것인가 고민에 빠지게 됩니다.

비록 법적으로 돈을 받았다는 사실이 입증되지 않더라도 미디어는 보도할 수 있습니다. 이때 중요하게 고려해야 할 사안이 적어도 세 가지입니다. 첫째는 이 사안이 공공성이 있느냐는 것입니다. 두 번째는 공익적으로 보도할 만한 가치가 있느냐는 것입니다. 세 번째는 보도할 시점에 진실이라고 믿을 만한 근거가 있느냐는 점입니다. 이런 점들이 충족되면 비록 개인의 명예를 훼손할지라도 언론의 자유를 더 중요하게 여겨 보도하게 됩니다.

법치 사회라고 하는 민주주의 사회에서 어떤 경우에 명예 훼손이 되는지 혹은 그렇지 않은지는 매우 중요합니다. 결론적으로 개인의 명예도 존중하고 언론의 자유도 보장되어야 하기 때문에 사안에 따라 판단이 달라집니다.

# 05

# 광고를

# 보면

# 다 사고 싶어!

# 광고는

# 힘이
# 세다

광고는 또 다른 유형의 미디어입니다. 사람들은 일상생활에서 매일 300개에서 많게는 1,500개의 광고에 노출된다고 합니다. 우리가 접하는 신문, TV, 인터넷 등 각종 미디어에는 빠지지 않고 광고가 등장합니다.

한 제약 회사에서 비타민제를 개발했을 때의 일입니다. 타 제품에 비해 뛰어난 효능을 가진 비타민제는 많이 팔릴 것 같았지만 의외로 사람들로부터 호응을 얻지 못했습니다. 제품 개발비에 많은 지출을 했는데 정작 물건을 팔지 못해 사실상 폐기 처분할 상황이었습니다.

이때 그 회사 마케팅 부서에서 나섰습니다. 제품의 이름을 바꾸고 인기 배우를 앞세워 신문과 TV에 대대적인 광고를 내보냈습니다. 특히 마시는 비타민제라면서 제품의 효능을 강조하는 광고에 집중했습니다. 그 결과 매출은 크게 올랐고 대성공을 거뒀습니다. 광고가 폐기 처분되려던 제품 하나를 살려 낸 셈입니다.

광고의 힘은 세지만 광고가 전부는 아닙니다. 이런 경우도 있었습니다. 1998년 우리나라의 외환 위기 당시 국내의 한 업체가 '콜라 독립'을 모토로 '815콜라'를 출시했습니다. 당시 전국적으로 불던 애국심 덕분에 이 광고는 대히트를 쳤습니다. 1999년에는 코카콜라와 펩시콜라가 장악하고 있던 시장에서 13퍼센트의 점유율을 차지할 정도로 큰 인기를 끌었습니다. 하지만 815콜라 돌풍은 거기까지였습니다.

외환 위기가 끝나면서 애국 광고는 더 이상 힘을 발휘할 수 없었습니다. 코카콜라와 펩시콜라의 물량 공세 속에 소비자들은 더 이상 815콜라를 찾지 않게 됩니다. 이제는 완전히 잊힌 상품이 된 것입니다.

# 제품을 사도록

# 유혹하는
## 광고


TV나 인터넷 매체, 포털 사이트 등 모든 미디어에 광고는 약방의 감초처럼 등장합니다. TV처럼 미디어 영향력이 큰 곳에 광고를 하기 위해서는 기업에 돈이 많아야 합니다. TV 광고를 할 수 있는 기업은 대부분 재벌입니다. 중소기업 제품은 케이블 TV 같은 곳에 광고를 할 수 있을 뿐입니다.

광고는 미디어 소비자들에게 제품을 사도록 권합니다. 제품이 얼마나 좋은가를 자랑합니다. 그런 제품을 구입하게 되면 행복해 보이도록 합니다. 이를 위해 연예인, 스포츠 선수 등 대중 스타를 광고 모델로 등장시킵니다. TV 광고 모델들은 15초 정도 화면에 나와서 몇 마디 말을 하고서 그 대가로 큰돈을 벌어들입니다. 기

업은 거액을 주고 유명 모델을 사용해서라도 광고 효과가 있다면 곧 판매 수익으로 연결된다고 믿고 있습니다. 실제로 광고를 보고 일반 시민들은 제품을 구매하는 경우가 많습니다.

광고를 '저관여 미디어'라고도 한다. 이것은 사람들이 TV나 라디오 등에 나오는 광고물에 별로 관심을 기울이지 않는다는 의미이다. '저관여 미디어'이기 때문에 광고는 과장하는 측면이 있다.

광고는 이제 힘이 더욱 커졌습니다. 단순한 제품 판매용 광고뿐 아니라 이미지 광고도 점점 많아지고 있습니다. 이미지 광고란 특정 제품을 판매하기 위한 것이 아니라 기업의 우호적인 이미지를 홍보하기 위해 만드는 광고를 의미합니다. 기업이나 공공 기관 등에서 이미지 광고를 통해 장기적으로 긍정적인 효과를 얻어 내기 위한 것입니다. 기업의 좋은 이미지는 경쟁력으로 이어지기 때문입니다.

광고는 소비자들에게 정보를 제공하는 측면도 무시할 수 없습니다. 기업의 신제품을 제대로 알리기는 매우 어렵습니다. 중소기업과 대기업이 동시에 비슷한 신제품을 만들었더라도 누가 광고를 크게 해서 소비자들의 눈길을 사로잡느냐에 따라 결과가 바뀔 정도입니다. 그래서 자본력이 든든한 대기업은 신제품 광고비를 아끼지 않는 편입니다. 시중의 유명 브랜드는 모두 엄청난 광고비를 지출하고 있습니다. 그 광고비는 사실 소비자들이 고스란히 부담하는 것입니다.

소비자들은 광고가 정직한 정보를 전달하는 것이 아니라는 것을 압니다. 그러나 반복된 광고는 어느덧 소비자들에게 친숙하게 다가옵니다. 유명 연예인이 사용하거나 사용하도록 권하는 광고는 그만큼 설득력이 있습니다. 이런 것을 '동일시 효과'라고도 합니다. 즉 대중이 좋아하는 인기 연예인이 사용하는 제품은 역시 믿을 만하다는 인상을 심어 주는 것을 말합니다.

김연아나 이효리 같은 인기 스타가 출연하는 광고는 일종의 '조건 반사', '착시 효과'를 노립니다. 모델의 매력적인 이미지와 제품의 이미지가 결합되는 것으로, 소비자들은 제품만 봐도 광고 모델에 대해 갖고 있던 호감을 느끼게 되는 것입니다. 파블로프의 개가 발소리만 들어도 침을 흘리는 것과 같은 이치입니다.

# 광고
# 효과를

# 높이려면?

광고는 소비자에게 정직하게 다가가지 않습니다. 환상을 심어 주는 데 초점을 맞춥니다. 소비자의 구매 행태를 연구하고 주요 소비 계층을 목표로 삼아 환상을 극대화하고, 효율을 높이는 데 그 목적이 있습니다. 이를 위해 광고는 소비자의 심리와 소비 패턴 등을 연구하여 지갑을 열게 하는 데 초점을 맞추고 있습니다.

미디어의 종류에 따라 광고 효율이 다르게 나타나기 때문에 광고비도 달라집니다. 광고 효율이 높을수록 소비자의 미디어 선호도가 높다는 뜻이고 그만큼 광고 단가 비용도 높아집니다.

광고는 미디어의 유형에 매우 민감합니다. 미디어라면 무엇이든 광고 효과가 있는 것은 아닙니다. 예를 들면 새로운 여드름 치료제가 개발됐을 때 유명 신문에 광고를 한다면 결과는 어떻게 될까요? 한마디로 실패입니다. 그 이유는 미디어를 잘못 선택했기 때문입니다.

여드름 치료제의 주요 소비 계층은 십 대들입니다. 요즘 십 대들은 신문을 거의 보지 않습니다. 따라서 신문이 십 대들을 위한 광고 매체로 선택될 수 없습니다. 보다 십 대들이 많이 찾는 인터넷 미디어나 포털 사이트 등이 더욱 효과적일 수 있습니다.

이처럼 광고는 미디어 유형에 매우 민감합니다. 따라서 광고주는 미디어의 유형별 특성과 장단점을 모두 분석해 놓습니다. 예를 들면 잡지는 대체로 교육 수준이 높고 수입이 높은 사람들이 구독한다고 합니다. TV는 거의 모든 사람들이 시청하지만 수입이 낮은 사람들이 더 많이 시청합니다. TV는 프로그램의 종류와 시청 시간대에 따라 또 다시 세분화됩니다.

광고를 자주 한다고 반드시 좋은 것은 아닙니다. 광고 빈도가 너무 잦으면 소비자들이 심리적으로 광고를 피하게 됩니다. 또한 거부감을 가질 수도 있습니다. 광고 회피는 광고 빈도가 너무 잦거나 혹은 광고 메시지가 혼잡스러울 때 종종 나타납니다.

광고는 뉴스와 존재 방식이 다르지만 그 존재 이유가 분명합니다. 또한 기업과 소비자를 이어 주고 판매를 촉진시켜 주는 촉매

제 역할도 합니다. 광고를 통해 미디어 산업은 기업화, 현대화를 이루고 있으며 광고 산업도 덩달아 발전하고 있습니다.

광고의 세계에는 이런 말이 있다. "광고의 성공은 논리성이 아니라 광고가 어떤 환상을 제공하느냐에 달려 있다. 광고업계는 사람과 제품 사이의 물질적 관계에 새롭고 상징적인 의미를 부여해서 저장해 놓은 꿈의 세계이다."

광고는 또한 미디어 환경에 민감하게 반응하는 특성을 갖고 있습니다. 소비자들의 자발적 참여를 이끌어 내기 위해 광고주들은 다양한 전략을 구사합니다. 최근에는 소셜 네트워크 서비스(SNS)를 적극 활용하고 있습니다.

미국에서 큰 인기를 누리고 있는 미식축구 챔피언전인 '슈퍼볼' 중계 전후에 방영되는 짤막한 광고는 게임의 승패만큼 소비자들에게 큰 관심을 끕니다. 펩시콜라는 1987년 이래 매년 100억 원 이상을 쏟아부었던 슈퍼볼 광고를 2010년부터 중단했습니다. 이것을 트위터나 페이스북 같은 SNS를 활용한 광고로 전환한 것입니다.

더 좋은 세상을 만들기 위한 아이디어를 소비자가 직접 제안하고 자신의 SNS에 알려 다른 사람들의 평가를 받게 했습니다. 결과적으로 펩시는 이 캠페인을 통해 슈퍼볼에 광고를 낸 회사보다 더 주목을 받았다고 합니다. 효과적인 광고를 하기 위해서는 기업과 사회, 소비자들의 이해관계가 만나는 지점을 정확하게 찾아내야 합니다. 이를 통해 소비자들에게 실용적인 가치를 주면서 공익적인 가치를 만들어 낼 때 성공적인 광고가 완성되는 것입니다.

'실용적 가치', '공익적 가치' 등이 조금 어렵게 들리나요? 좀 더 쉽게 예를 하나 들어 보겠습니다. 세계적인 아기 기저귀 브랜드 '팸퍼스'는 저개발 국가 아이들이 파상풍으로 죽어 가고 있다는 사실에 착안하여 유엔 산하 특별 기구 '유니세프(국제 연합 아동 기금)'에 제안해 함께 공동 광고를 했습니다.

기저귀 한 팩을 사면 파상풍을 치료할 수 있는 백신 1인분을 기부하는 '기저귀 한 팩에 백신 하나(One Pack, One Vaccine)' 행사를 시작한 것입니다. 이 행사를 통해 3억 개가 넘는 파상풍 백신이 보급됐고, 1억 명 이상의 산모와 아이들이 파상풍의 공포에서 벗어날 수 있었다고 합니다. 이런 광고 유형을 코즈 마케팅이라고 합니다. 기저귀라는 실용적 가치를 주면서 동시에 백신 공급이라는 공익적 가치를 실현하는 것을 말합니다.

소비자의 심리와 소비 패턴, 미디어 환경에 따라 광고는 오늘도 내일도 진화하게 될 것입니다.

2부

진실을 추구한
언론인

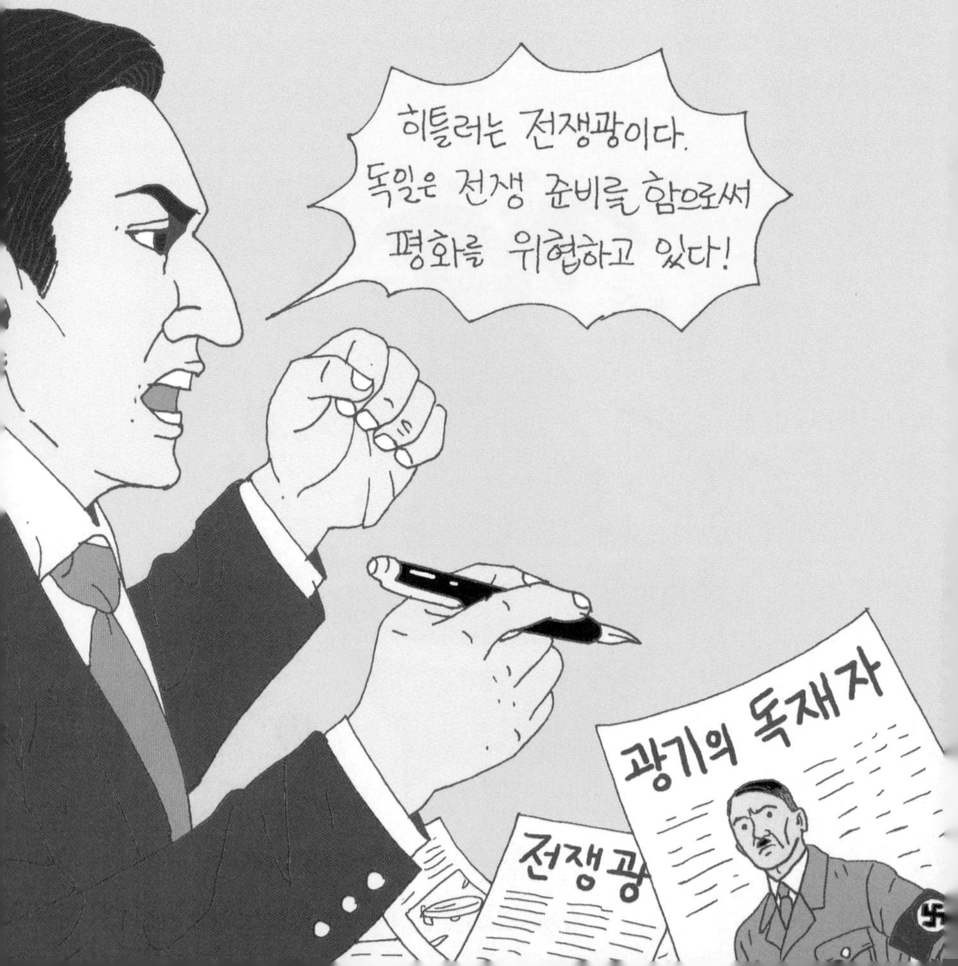
히틀러는 전쟁광이다.
독일은 전쟁 준비를 함으로써
평화를 위협하고 있다!
광기의 독재자
전쟁광

# 01

# 평화를 사랑한

## 오시에츠키

# 전쟁을
# 반대한

# 평화주의자


진실을 추구하는 언론인의 길을 걷는 것이 늘 쉬운 것은 아닙니다. 더구나 목숨을 위협하는 총칼 앞에서 '옳은 것은 옳고 잘못된 것은 잘못됐다.'라고 국민에게 알리는 것은 위험하기까지 합니다. 여기 전쟁광을 비판하며 평화를 부르짖다 끝내 자신의 목숨까지 바쳐야 했던 한 용기 있는 언론인이 있습니다.

그의 이름은 카를 폰 오시에츠키. 그는 악명 높은 히틀러의 나치 시대에 전쟁을 반대하며 평화를 원하는 뉴스를 반복하여 내보내다 모진 고문과 감금을 당하게 됩니다. 독일 정부의 회유와 압박에도 굴하지 않고 나치 독재에 끝까지 맞서 싸우다 1938년 수용소에서 결핵으로 사망했습니다.

평화를 사랑하고 전쟁을 반대하는 것은 어느 시대 어느 국가에서나 공통된 희망 사항입니다. 언론인에게 이것은 반드시 추구해야 할 높은 사회적, 정치적 가치입니다. 또한 대부분의 언론인들은 이를 위해 많은 노력을 기울이고 있습니다. 후배 언론인들에게 '시대의 정의', '시대의 양심'으로 불리는 오시에츠키의 인생은 어떤 모습으로 비춰졌을까요?

오시에츠키는 1889년 독일 함부르크에서 태어났습니다. 두 살이 되던 해에 아버지가 돌아가셨고, 어머니는 하루 종일 생활 전선에 나서서 돈을 벌어야 했답니다. 그래서 어린 오시에츠키는 친척 집에 맡겨져 성장했습니다. 부모님의 따뜻한 사랑을 받지 못한 채 열 살 때까지 친척 집에 살았습니다.

오시에츠키는 아버지와 친구 사이였던 당시 국회 의원 프레델 박사의 도움으로 교회 재단의 사립 학교에 진학했습니다. 그러나 학교 생활에 잘 적응하지 못했습니다. 생활비까지 벌어야 하는 처지에 학교 생활은 쉽지 않았습니다. 사회, 문화 등 여러 분야에 흥미를 가졌지만 학과에 집중할 수는 없었습니다. 부모의 지원으로 걱정 없이 공부하는 다른 아이들과 처지가 달랐던 그는 결국 학교를 중도에 포기하게 됩니다.

이를 알게 된 프레델 박사는 다시 도움을 줬습니다. 함부르크 법원의 행정처에서 잡무를 볼 수 있도록 배려한 것입니다. 그는 이

주니어 대학

곳에서 생활비를 벌면서 실질적인 공부를 합니다. 문화와 정치 분야를 공부하며 평화에 대해 관심을 갖게 됩니다.

1912년 청년 오시에츠키는 《프라이에 포크》란 잡지에 기고했는데 채택되어 실렸습니다. '독일 군인들이 군 부대에서 적법한 절차를 거치지 않고 전쟁을 반대하는 군인들을 살상하며 사실상 살인 행위를 하고 있다.'라는 충격적인 내용으로 당시 독일 정부에 매우 비판적인 기사였습니다. 이 글은 군사 재판권을 모독했다는 이유로 벌금형을 선고받았습니다. 이것이 사실상 언론 활동의 첫 출발인 셈입니다.

1차 세계 대전이 발발하자 오시에츠키는 징집되어 보병으로 끌려갑니다. 전쟁터에서 의미 없이 죽어 가는 무수한 젊은이들의 희생을 목격하게 됩니다. 명분 없는 전쟁에서 젊은이들끼리 마주하여 죽이지 않으면 죽임을 당하는 극단적 상황이 그를 좌절시켰습니다. 하루에도 수백 명이 피를 흘리며 팔, 다리가 잘린 채 후송 병원으로 실려 가는 것도 지켜보았습니다. 전쟁은 인간의 이성을 마비시키고 맹목적으로 만든다는 것도 깨닫게 됩니다.

그는 독일 서부 전선에서 2년 간 전쟁을 경험하며 더욱 확고한 평화주의자로 변하게 됩니다. 한 개인이 국가의 명령을 거부할 수 없어 전쟁터에 군인으로 왔지만 '전쟁은 안 된다.'는 확고한 신념을 갖게 된 것입니다.

# 협박과
# 회유,

# 투옥과 고문

 

1차 세계 대전에서 결국 독일은 참담한 패배를 당합니다. '악의 축'으로 몰린 독일은 전쟁 패배에 따른 과도한 배상금으로 인플레이션이 발생하여 경제가 위기에 몰립니다. 국민의 불만은 높아지고 정부는 새로운 돌파구를 찾게 됩니다.

1926년 오시에츠키는 당시 독일은 물론 유럽에서도 유명한 주간지 《벨트뷔네》에서 기자로 활동하기 시작했습니다. 전쟁을 반대하며 평화를 주장하는 그의 철학은 언론 활동에도 그대로 반영됐습니다. 개방적이고 자유주의 성향이 강한 이 잡지에서 두각을 나타내기 시작했고 곧 편집 책임자로 승진했습니다.

1931년 그는 이 잡지를 통해 놀라운 뉴스를 독일 국민에게 전

주니어 대학

했습니다. 독일 군부 지도자들이 은밀하게 재무장을 시도하고 있다는 내용을 고발한 것입니다. '독일군이 베르사유 조약을 어기고 군비 확장에 나서고 있으며 특히 독일 공군이 소련에서 비밀리에 비행 연습을 하고 있다.'라고 주장했습니다.

이 기사로 가장 놀란 집단은 독일 정부였습니다. 독일 당국은 오시에츠키를 신성한 군대를 모독한 혐의로 국가 반역죄를 적용하여 고발했습니다. 재판에 회부된 그는 18개월의 징역형을 선고받았습니다. 투옥에 앞서 독일 당국은 그를 회유하며 독일을 떠날 것을 제안했습니다. 그러나 그는 이런 제의를 단호하게 거절했습니다. 그 이유를 자신의 일기에 남겼습니다.

"내가 감옥에 들어가는 것은 충성심 때문이 아니라 내가 수감자일 때 정권에 가장 불편한 존재이기 때문이다."

은밀한 전쟁 준비에 여념이 없던 독일 당국에게 오시에츠키는 눈엣가시 같은 존재였습니다. 감옥에 있는 동안 독일은 물론 유럽에서도 '오시에츠키를 석방하라.'라는 주장이 끊이지 않았습니다. 독일 당국은 결국 사면법을 만들어 석방시켰습니다.

감옥에서 나오자 다시 《벨트뷔네》 편집장을 맡았습니다. 이제 정치 상황은 더욱 나빠져 있었습니다. 나치가 정권을 잡고 있는 가운데 독재자 아돌프 히틀러가 총리가 된 것입니다. 히틀러는 자신에 반대하는 정치인이나 언론인에 대해서 무자비한 처형을 일삼았습니다. 히틀러의 전쟁 준비는 이미 이웃 국가를 위협할 정도였습니다. 사회적 불만을 등에 업고 히틀러는 독일 민족의 위대성을 선전하며 자신의 앞길을 반대하는 사람은 그 누구도 용서하지 않았습니다. 독일 내 유대 인과 반대 세력에 대한 투옥과 고문, 살육은 일상이 됐습니다.

『안네의 일기』로 유명한 독일 태생 유대 인 안네 프랑크도 이때 아버지를 따라 이웃 국가 네덜란드로 피신하게 됩니다. 당시 영세 중립국이던 네덜란드는 안전할 것으로 믿었지만 결국 히틀러는 네덜란드까지 침공했던 광란의 시대였습니다.

오시에츠키를 아끼는 친구들은 외국으로 망명할 것을 권했습니다. 그의 평화에 대한 집념과 히틀러의 전쟁에 대한 광기가 충돌하면 결국 불행을 가져올 것으로 예견했기 때문입니다. 망명 제의에 대해 그는 다시 거절했습니다. '문패가 없으면 나를 쉽게 찾지 못할 것'이라며 반농담조로 대답했다고 합니다.

그러나 1933년 감옥에서 나온 지 1년도 채 지나지 않아 그는 다시 독일의 비밀경찰 '게슈타포'에 의해 체포됩니다. 즉각 존넨부르크 수용소에 감금됐고 《벨트뷔네》 잡지는 폐간당하게 됩니다.

그는 에스터베겐 수용소로 이동돼 포로들 중에서 가장 고된 육체노동을 배정받고 비인간적 학대에 시달려야 했습니다. 평화를 주장하고 전쟁을 반대하는 기사를 작성한 대가는 혹독했습니다.

주니어 대학

# 시대의 양심,

# 전쟁 속에
# 지다

진실을 알리는 일은 때로 이처럼 큰 대가를 요구 합니다. 인류가 꿈꾸는 정의와 평화를 위해 언론인이 본 것을 그대로 전하는 것에 불편을 느끼고 불쾌한 반응을 보이는 집단은 항상 존재합니다. 그런 세력이 권력을 잡고 있을 때 언론인들은 커다란 위협에 직면하게 됩니다.

1935년 가을 나치 수용소를 직접 시찰한 스위스 적십자의 카를 야코프 부르크하르트는 오시에츠키와의 만남에 대해 이렇게 묘사했습니다. 좀 끔찍하지만 당시 상황이 얼마나 처절했는가를 잘 보여 주고 있습니다.

"10분 후 SS 친위대 소속 병사 두 명이 한 남자를 데려왔는데,

데려왔다기보다는 질질 끌거나 아예 들쳐 업고 왔다는 표현이 더 적절했다. 시체처럼 창백한 이 남자는 덜덜 떨고 있었다. 아무런 감각도 없어 보이는 그의 한쪽 눈은 심하게 부어올라 있었고, 이는 몽땅 부러진 것 같았다. 그는 부러진 다리 하나를 제대로 치료도 받지 못한 채 질질 끌고 있었다."

오시에츠키의 비운을 접한 사람들은 유럽 전역에서 그를 지지하는 '카를 폰 오시에츠키 친구들의 모임'이라는 단체를 결성했습니다. 빌리 브란트 독일 전 총리도 그를 지지하기 위해 적극적으로 투쟁한 수많은 사람들 중 한 명이었습니다. 여기에는 알베르트 아인슈타인과 같은 유명 인사도 포함됐습니다.

오시에츠키는 혹독한 고문에도 굴하지 않고 나치 독재와 맞서 싸운 공로를 인정받아 1935년 노벨 평화상 수상자로 선정됐습니다. 그러나 나치 독일은 평화상을 막기 위해 노벨상 위원회에 압력을 가했습니다. 히틀러는 '오시에츠키가 노벨 평화상을 수상하게 되면 그를 추방하고 앞으로 독일인은 절대 노벨 평화상을 수락하지 않을 것'이라는 성명을 발표했습니다.

결국 오시에츠키는 한해 늦은 1936년에서야 받게 됩니다. 그러나 그는 수상식에 갈 형편이 되지 못했습니다. 중환자로 쇠약해진 그를 대신해서 당국은 수상 거부 의사를 전하고 아예 출국 금지를 시켰습니다. 실제로는 출국 금지를 할 필요도 없었습니다. 혹독한 고문의 후유증으로 제대로 움직일 수조차 없었기 때문입니다. 병마에 시달리던 그는 1938년 5월 사망했습니다.

오시에츠키가 쓴 전쟁에 대한 경고와 비판 기사가 히틀러의 전쟁과 유럽 전역의 수많은 희생을 막지는 못했습니다. 그가 모든 것을 바쳤지만 되돌아온 것은 처절한 희생과 고문이었습니다. 그러나 광기의 시대에 언론인의 양심을 걸고 전쟁을 고발한 용기는 모든 언론인의 귀감이 됩니다.

더구나 소중한 생명을 위협받는 상황에서도 '정의와 평화'를 변함없이 주장할 수 있는 언론인의 고귀한 사명을 오시에츠키만큼 생생하게 보여 주기도 힘듭니다. 부당한 권력 집단이 '육신은 가둘 수 있어도 고귀한 영혼은 가둘 수 없다.'라는 사실을 그는 온몸으로 웅변한 것입니다. 노벨 평화상이 언론인 중 최초로 오시에츠키에게 주어진 이유이기도 합니다.

그는 고통 속에 눈을 감았지만 전 세계인은 그의 용기, 노력, 헌신을 높이 평가했습니다. 국제 인권 연맹은 오시에츠키의 공을 기려 그의 이름을 딴 상을 제정했습니다. 1962년부터 매년 세계 평화에 기여한 사람에게 '오시에츠키 평화상'을 수여하고 있습니다. 암울한 시대에 희생되었지만, 어떤 압력에도 굴복하지 않고 평화를 주장한 언론인의 정신은 길이 살아남아 미래 언론인들의 표상이 될 것입니다.

# 02

# 인터뷰의 달인,

## 오리아나

## 팔라치

# 기자들이

# 가장 부러워하는
# 기자

기자들 사이에서 매우 유명하지만 일반 시민들에게는 다소 생소한 인물이 있습니다. 특히 세계적으로 명성이 높은 언론인이지만 한국 사람들에게는 낯설게 느껴지는 기자가 있습니다. 그 주인공은 바로 이탈리아가 낳은 최고의 여기자, 오리아나 팔라치입니다.

기자나 아나운서가 되면 반드시 공부하는 공통 분야가 바로 인터뷰입니다. 전 세계 기자들이 부러워하며 배우고자 하는 것이 '팔라치의 인터뷰 기법'입니다. 많은 사람이 기자가 대통령, 유명 인사, 스포츠 스타 등을 만나서 인터뷰하는 것을 당연한 일로 생각합니다. 기자가 늘 하는 것이 인터뷰인데 여기에 무슨 차이가 있을까 하는 의문을 갖기도 합니다.

팔라치는 바로 이런 고정 관념을 깨고 "이것이 진정한 인터뷰다."라며 새로운 경지를 개척했다는 평가를 받았습니다. 똑같은 대통령, 유명 인사라 하더라도 팔라치가 만나면 전혀 새로운 이야기가 나온다고 주목받게 된 것입니다. 팔라치는 전 세계 매스컴이 자신의 인터뷰 내용을 대서특필하도록 만들었습니다. 미국 보스턴 대학을 비롯한 유수의 대학 신문 방송학과에서 '팔라치 스타일 인터뷰'를 강의 교재로 삼을 정도입니다. 보스턴 대학 박물관에는 팔라치의 인터뷰 녹음테이프가 보관 중이라고 합니다.

팔라치의 인터뷰에는 항상 파격과 놀라움, 새로운 이야기가 가득했습니다. 거짓과 진실, 가식과 정의가 부딪혔고, 때때로 따뜻한 인간미와 인류애 등이 담겨 있었습니다. 팔라치는 삶과 죽음이 교차하는 전쟁터, 테러 현장, 분쟁 지역 등지를 누비며 다른 기자들이 만들어 내지 못하는 특종 기사를 인터뷰 형식으로 만들어 냈습니다. 팔라치는 인류가 되풀이하는 가장 어리석은 일이 전쟁이라고 생각하며 때로는 전쟁의 참상을, 때로는 평화의 소중함을 취재 현장에서 호소력 있는 뉴스로 전했습니다.

야세르 아라파트 팔레스타인 해방 기구 전 의장, 골다 메이어 이스라엘 전 총리, 인디라 간디 인도 전 총리, 덩샤오핑 중국 전 주석, 빌리 브란트 전 서독 총리, 줄피카르 알리 부토 파키스탄 전 총리 등 일일이 열거할 수 없을 정도로 많은 권력자를 인터뷰하며 독특한 문체로 전 세계 사람들에게 신선한 뉴스를 선사했습니다. 철저하게 준비하고 치열한 기자 정신을 발휘해 세계를 움직이는 유명 인사들의 숨은 이야기, 정치적 궤변 등을 거침없이 고발하기도 했습니다.

자신만의 독특한 공격적 인터뷰 기법을 개발한 팔라치, 누구도 감히 흉내 내기 힘든 용감한 인터뷰 스타일을 전 세계에 전파하며 기자들이 가장 선망하는 기자의 역할을 당당하게 소화해 낸 팔라치는 과연 어떤 인물일까요?

팔라치는 1929년 이탈리아 피렌체에서 태어났습니다. 부모님은 학교 교육을 제대로 받지 못했지만, 책을 몹시 좋아해서 매달 많은 책을 사들였습니다. 그렇다고 부유한 형편이었던 것은 아니고, 옷이나 식품 등 다른 지출을 줄이면서 할부로 책을 구입했습니다. 부모님의 영향으로 어린 팔라치도 책을 좋아하게 되었고, 평생 동안 책을 소중히 생각하며 곁에 두었습니다.

2차 세계 대전 중에 팔라치의 아버지는 독일 점령군에 저항하는 레지스탕스 조직원으로 활동했습니다. 열네 살의 팔라치도 아버지를 도와 무기를 나르고, 지하 신문과 연락하는 일을 맡았습니다. 팔라치는 이 시기에 목숨이 위태로운 일을 감당하면서 독재와 전쟁에 반대하는 신념을 굳건히 갖게 됩니다. 맹렬하게 활동하던 아버지는 결국 붙잡혀서 모진 고문을 당하고 사형 선고를 받았습니다. 다행히도 그로부터 머지않아 전쟁이 끝나서 감옥에 있던 아버지가 집으로 돌아왔고, 팔라치는 다시 학교 공부에 전념합니다.

고등학교를 졸업한 팔라치는 작가가 되고 싶어 했지만, 작가는 먹고살 길이 막막하다는 생각에 의과 대학에 입학합니다. 그러나 팔라치에게 의학 공부는 별로 맞지 않았습니다. 고민이 깊어질 무렵 아버지가 교통사고를 당해 혼수상태에 빠졌고, 팔라치는 가족의 생계를 책임지기 위해 학교를 자퇴합니다.

주니어 대학

# 세계적인

# 기자의 반열에
# 오르다

팔라치는 과감하게 신문사 문을 두드렸고 기회를 얻게 됩니다. 《일 마티노》에 취직해서 6년 동안 수많은 기사를 썼습니다. 그런데 상사가 부당한 지시를 하자 강하게 저항한 팔라치는 결국 해고를 당합니다. 팔라치는 당장 생계가 어려운 처지에 빠졌지만 결코 후회하지 않았습니다. 직장을 잃은 것이 오히려 더 좋은 일을 만나는 계기가 되었습니다. 팔라치는 당시 이탈리아의 대표 잡지 《에우로페오》에 취직하여 할리우드 스타들을 인터뷰하는 일을 맡습니다. 독자들은 팔라치의 인터뷰 기사에 열광했으며, 인터뷰를 책으로 묶어 낸 『할리우드의 일곱 가지 죄악』은 큰 성공을 거두게 됩니다.

1960년 31세의 팔라치는 세계 곳곳을 돌아다니며 기사를 씁니다. 파키스탄, 인도, 중국 여성들을 묘사하면서 가부장제를 공격하기도 했고, 성적 차별로 고통당하는 여성들에 대한 안타까움을 피력하기도 했습니다. 이탈리아의 독자들은 세계 여행을 하는 팔라치를 부러워하면서 그녀의 기사에 매료되었습니다.

이제 팔라치는 세계적으로 유명한 기자가 되었습니다. 편안하고 안락한 환경에서 행복하게 지낼 수 있었습니다. 그러나 1967년, 팔라치는 치열한 전쟁이 벌어지고 있는 베트남으로 떠났습니다. 총알이 빗발치는 전쟁터에 뛰어들어 종군 기자로 활동하면서 병사들과 인터뷰를 했습니다.

팔라치는 전쟁 지역을 취재할수록 인류의 적은 전쟁이라는 믿음이 더욱 굳어졌습니다. 죽음을 앞둔 병사와 아무런 잘못 없는 시민들의 마지막 순간을 목격하면서 전쟁의 광기를 철저하게 고발했습니다. 또한 전쟁의 이면에서 권력을 누리며 군대를 조종하는 정치인과 독재자의 위선을 인터뷰를 통해 세상에 알렸습니다.

팔라치가 미국의 국무 장관이었던 헨리 키신저를 만나 항복을 받아 낸 일화는 특히 유명합니다. 베트남 전쟁을 주도한 미 국무 장관의 입에서 "베트남 전쟁은 명분 없는 전쟁이었다."는 실토를 받아 내 전 세계를 놀라게 한 것입니다. 특히 당시 미국 정부는 명분 없는 베트남 전쟁에서 철수해야 한다는 국내 여론이 일어 궁지에 몰려 있었는데, 이 인터뷰 보도는 불에 기름을 붓는 격이었습니다.

키신저는 훗날 팔라치와의 인터뷰를 두고 "일생일대의 실수였다."라고 고백했습니다. 미국은 명분 없는 전쟁에서 마침내 군대를 철수한다는 철군 명령을 내리게 됩니다. 베트남 전쟁은 20세기에 미국이 참여했다가 처음으로 실패한 전쟁이라는 역사의 평가를 받았습니다.

1968년에는 멕시코시티로 갔습니다. 그때 멕시코에서는 많은 사람이 굶주림과 질병으로 고통받고 있었는데, 멕시코 정부가 가난한 국민들을 외면하고 오로지 올림픽 준비에 천문학적인 돈을 쏟아 붓고 있었습니다. 학생들이 연일 정부의 정책에 반대하는 시위를 했고, 팔라치는 이를 취재하기 위해 떠난 것입니다.

멕시코 정부는 군대를 동원하여 시위대를 진압했는데, 이 과정에서 팔라치는 어깨에 총을 맞고 다리에는 파편 조각을 맞았습니다. 팔라치는 피를 흘리며 들것에 눕혀 병원으로 실려 갔습니다. 병상에 누운 팔라치는 몹시 고통스러운 상태에서도 기사를 구술했습니다. 「내가 부상당한 유혈의 밤」이란 제목이 붙은 팔라치의 기사를 읽고 많은 사람이 감동했습니다. 팔라치가 체포된 학생 1,500명에 대한 지지를 병상에서 표명했다는 사실이 알려지면서 멕시코의 저항 운동은 전 세계의 주목을 받게 되었습니다.

# 팔라치의

# 인터뷰
## 스타일

　　때로는 뉴스 하나가 세상을 바꾸기도 합니다. 국가의 주요 정책을 결정하는 과정에 결정타를 날리기도 하지요. 팔라치의 인터뷰는 바로 그런 역할을 했기 때문에 주목을 받았습니다. 기자들이 팔라치를 부러워하는 데는 그 외에도 분명한 이유가 두 가지 더 있습니다.

　　우선 기자들이 쉽게 만날 수 없는 세계 정치계의 거물이나 유명 인사들을 인터뷰했다는 것입니다. 유명 정치인이든 독재자든 선택받은 기자가 아니면 만나기조차 힘듭니다. 이보다 더 중요한 점은 팔라치가 이들을 조금도 거리낌 없이 대했고, 때로는 무례할 정도의 질문도 해냈다는 것입니다.

에티오피아의 폭군 하일레 셀라시에 황제를 만났을 때는 가난한 국민들에 대한 질문을 날카롭게 던졌습니다. 1달러를 얻으려고 쫓아오는 사람들의 비참한 모습을 보면서 무슨 생각을 하느냐고 물은 것입니다. 황제는 가난한 사람들은 무능력하기 때문에 그렇게 사는 것이라고 말도 안 되는 억지 주장을 했습니다. 인터뷰 내내 궁지에 몰릴 때마다 화를 내더니 결국에는 더 이상 못 참겠다며 당장 꺼지라고 소리쳤습니다. 인터뷰 기사가 나오자 하일레 셀라시에는 팔라치에게 위협을 가하기까지 했습니다.

팔라치는 인터뷰할 때 상대가 누구든 용감하게 맞섰습니다. 그렇다고 무조건 전투적이었던 것은 아닙니다. 팔라치는 용감함과 함께 정직함, 섬세함, 인간적 매력도 지니고 있었습니다. 중국의 주석을 지냈으며 오늘날 현대 중국의 아버지로 추앙받는 덩샤오핑과의 인터뷰도 풍성한 뒷이야기를 남겼습니다.

팔라치는 거대한 중국을 이끄는 권력자 덩샤오핑이 거만할 것으로 예상하고 인터뷰에 임했다고 합니다. 첫 질문부터 "언제까지 천안문에 마오쩌둥 사진을 걸어 둘 것인가요?"라면서 공격적으로 나갔습니다. 까다로운 인터뷰가 이어졌지만 덩샤오핑은 꾸밈없이 솔직하게 응대했다고 합니다. 마침내 인터뷰 시간이 끝나자 덩샤오핑은 거꾸로 팔라치에게 추가 인터뷰를 요청했습니다. 표현도 매우 정중하게 "다시 한 번 인터뷰를 하는 영광을 주십시오."라고 말했습니다. 이 말에 감동을 받은 사람은 바로 팔라치였습니다. 기쁨에 겨운 팔라치가 벌떡 일어나 그에게 달려가 포옹을 하려는데, 놀란 경호원이 달려들었다고 했을 정도입니다.

팔라치의 인터뷰 스타일은 인터뷰 상대를 때로는 인간적으로 때로는 지나치다고 할 만큼 분노하게 하거나 적극적으로 자극했다는 것입니다. 인터뷰 상대가 가슴속에 감춰 둔 정직한 생각이나 정치적 목적 등을 있는 그대로 국민에게 알려야 한다는 생각이 가득했기 때문입니다. '묻고 싶은 것은 반드시 묻는다.'는 교과서적인 이론을 실천한 팔라치, 권력이나 돈 앞에서 흔들려서는 안 된다는 기자 정신을 온몸으로 실천한 팔라치는 언론인들의 모범이 되고 있습니다.

팔라치는 2006년 77세의 나이로 눈을 감았습니다. 팔라치는 세상을 떠났지만 그녀가 남긴 수많은 기사와 저서는 한 사람의 기자가 얼마나 대단한 일을 할 수 있는가를 웅변하고 있습니다. 인터뷰를 '영혼과 영혼의 대결, 전쟁'이라고까지 정의한 팔라치는 전 세계 기자들에게 감춰진 진실을 추구하는 기자 정신의 준엄함과 프로 정신을 다시 한 번 강조해 줍니다.

3부

신문 방송학,
뭐가
궁금한가요?

# 01

## 뉴스는 진실만을 말할까요?

우리나라의 한 시골에서 일어난 일입니다. 바둑이라는 개가 저수지 부근에서 놀다 물에 빠진 어린이를 구했다는 뉴스가 크게 보도된 적이 있습니다. '사람보다 개가 낫다.'라는 말이 나올 정도로 전국적으로 화제가 됐습니다.

그러나 얼마 뒤 많은 기자가 그 시골을 찾아가 문제의 바둑이를 취재하면서 그것은 헛소문에 불과하다는 사실이 밝혀졌습니다. 동네 이장이 술만 마시면 아무나 붙잡고 헛소리를 하는데, 지방의 기자에게 전화하여 거짓말을 한 것입니다. 기자는 이런 내용을 확인조차 하지 않고 바로 기사화하여 전국적인 뉴스로 만든 것입니다.

많은 사람은 TV와 신문에서 이렇게 크게 보도하면 대부분 진실로 믿습니다. 지금도 '바둑이 이야기'를 사실로 믿는 사람이 여전히 많습니다. 그 이후 정정 보도를 하지 않았고 사실이 아니라는 것은 기자들 사이에서만 맴돌았기 때문입니다. 이런 허위 보도는 국내외에 종종 등장합니다.

미국의 유명 신문사인 《워싱턴 포스트》도 1981년 「지미의 세계」라는 제목의 뉴스를 내보냈다가 사과문을 내야 했습니다. 이 뉴스는 당시 자넷 쿡이라는 기자가 없는 사실을 마치 진실인 양 꾸며서 내보냈기 때문입니다. 지미라고 불리는 세 살짜리 아이가 벌써부터 마약을 복용하고 있다는 충격적인 내용이었습니다. 이 뉴스

는 너무나 많은 사람에게 감동과 충격을 주는 바람에 그해 퓰리
처상까지 받았습니다.

그 보도가 나간 뒤 시민 단체에서 '지미를 구하자!'는 사회 운
동이 일어났습니다. 위기에 빠진 지미를 찾아 달라고 시민 단체가
《워싱턴 포스트》 신문사에 연락했지만 아이를 찾을 수 없었습니
다. 원래부터 그런 아이는 없었기 때문입니다. 기자가 허위로 가공
의 인물을 만들어 기사로 만들었기 때문입니다. 《워싱턴 포스트》
는 1면에 사과문을 게재하고 퓰리처상까지 반납했습니다. 자넷
쿡이라는 기자는 해고됐습니다.

이유가 무엇이든 미디어가 전달하는 뉴스를 모두 진실로 믿어
서는 곤란합니다. 미디어는 실수에 의해서든 고의로든 오보를 전
할 수 있기 때문입니다. 오보는 흔히 잘못된 보도, 허위 보도, 축
소 또는 과장 보도 등을 통칭하는 말입니다.

그렇다면 미디어는 왜 오보를 할까요? 최소한 세 가지 이유가
있습니다. 우선 미디어는 마감 시간이라는 것이 있습니다. 모든 뉴
스는 일정 시점 내에 완성시켜야 됩니다. 확인 때문에 무한정 기
다릴 수가 없습니다. 뉴스는 신속하게 만들어져야 하기 때문에 때
로는 부정확한 상태에서 보도될 수도 있습니다. 다른 경쟁 매체에
서 먼저 보도해 버리면 낭패감에 빠집니다. 그래서 마감 시간을
넘기지 않기 위해 완벽하지 않은 채로 뉴스를 보도하기도 합니다.

이것이 종종 오보로 판명납니다.

두 번째는 기자의 전문성이 부족하거나 편견에 빠져 있는 경우입니다. 기자도 인간이기 때문에 완벽할 수 없습니다. 더구나 기자의 일 자체가 사건이 발생한 후에 가서 주변 사람들, 경찰, 관련자 인터뷰 등을 통해 하나씩 진실에 접근하는 방식입니다. 원천적으로 진실을 보도하는 데 한계가 있다는 점을 인정해야 합니다. 여기에다 기자의 전문성이 부족하여 정확한 해석이나 판단을 하지 못하게 되면 오보를 하게 됩니다. 특히 기자 스스로가 강한 편견에 사로잡혀 있을 때 잘못된 뉴스를 내보내게 됩니다.

세 번째는 기자를 만나는 사람들이 거짓말을 하거나 잘못된 정보를 주게 되면 뉴스는 거짓이 됩니다. 기자나 피디는 사람들을 만나서 무엇이 진실이고 무엇이 거짓인지 하나씩 따져 가면서 확인하여 뉴스를 만듭니다. 그러나 일부에서 의도적으로 거짓말을 하게 되면 기자도 이를 모르고 뉴스를 만들게 됩니다. 따라서 기자는 남의 말을 함부로 믿어서는 안 되며 항상 확인하는 정신을 가져야 합니다.

주니어 대학

# 02

# 어떤 것이
# 뉴스가
# 될 수 있을까요?

원래 뉴스(NEWS)란 북(North), 동(East), 서(West), 남(South)의 첫 머리 글자를 본떠 만든 것이라는 주장이 있습니다. 사방팔방에서 흘러오는 이야기를 뉴스라고 한다는 것이지요.

그러나 모든 이야기가 뉴스가 될 수는 없습니다. 서양에서는 뉴스의 정의를 흔히 이렇게 설명합니다. '개가 사람을 물면 뉴스가 아니다. 그 대신에 사람이 개를 물면 그게 뉴스다.' 이것은 뉴스의 속성상 일상적이고 평범한 내용은 뉴스가 안 된다는 뜻입니다. 뉴스에도 일정한 가치 기준이 있습니다. 그 가치 기준이 절대적인 것은 아니지만 공통적으로 요구되는 기준은 있습니다.

뉴스의 가치 기준 첫 번째는 새로워야 한다는 것입니다. 새로운 내용이라면 일단 뉴스가 될 가능성이 있습니다. 두 번째는 특이해야 합니다. 평범한 것은 아무도 관심을 갖지 않습니다. 세 번째는 인간적 흥미가 있어야 합니다. 모든 뉴스에 인간적 흥미가 있어야 하는 것은 아니지만 뉴스의 흥미 요소도 무시할 수 없습니다. 네 번째는 사회적 중요도가 있어야 합니다. 사회적으로, 역사적으로 중요한 일이라면 뉴스가 될 확률이 높다고 보면 됩니다. 다섯 번째는 공공성을 갖추는 것이 기준이 됩니다. 사적인 일인지 국민이 알 필요가 있는 공적인 일인지 그 기준이 중요하다는 것입니다. 그 외에도 규모나 접근성 등의 요소가 있습니다만 이 정도의 기준이면 뉴스를 판단할 수 있을 것 같습니다.

주니어 대학

# 03

# 인터뷰는
# 어떻게 하나요?

기자가 되면 인터뷰는 수시로 해야 합니다. 상대나 사안에 따라 때로는 전화나 서면으로 때로는 직접 만나서 인터뷰를 하게 됩니다. 전화 인터뷰는 시간과 경비를 절약할 수 있지만 서로 신뢰 관계가 형성된 다음에 가능한 방법입니다. 서면 인터뷰는 미리 질문지를 상대에게 보내서 답변할 내용을 알려 주는 방식입니다. 상대가 인터뷰를 거절하거나 만나기를 꺼려 하는 경우 이용할 수 있는 방법입니다. 가장 자주 사용하는 방법은 직접 만나서 하는 대면 인터뷰입니다.

대면 인터뷰에서 시간이나 날짜를 언제로 할지는 매우 중요합니다. 항상 여유 있게 상대를 배려해야 하지만 때로는 시간에 쫓길 수 있기 때문에 조심스럽게 접근해야 합니다. 인터뷰 장소는 인터뷰 대상자가 원하는 곳이면 가장 좋지만 조용하고 집중할 수 있는 곳이어야 합니다.

인터뷰 대상자는 천차만별이라고 할 만큼 다릅니다. 때로는 전과 22범도 인터뷰하고 때로는 존경받는 성직자도 만납니다. 어느 경우든 상대에 대해 철저히 알아보고 준비해야 합니다.

다음 단계로 무엇을 물어볼 것인지는 미리 정리돼 있어야 합니다. 대상에 따라 내가 꼭 확인해야 할 사항을 미리 점검해야 한다는 것입니다. 이때 인터뷰를 진행하면서 주의해야 할 점이 있습니다. 우선 처음부터 곤란한 질문이나 어려운 질문으로 상대를 긴장시키는 것은 좋지 않습니다. 인터뷰 전체를 망칠 수도 있기 때문입니다. 처음 시작은 가급적 무난하고 상대를 편하게 하는 날씨나 취미 등의 질문을 하는 것이 좋습니다.

인터뷰를 하면서 늘 좋은 말만 할 수는 없습니다. 때로는 적극적 해명을 끌어내야 하기 때문에 불쾌하게 들릴 수 있는 질문도 해야 합니다. 이때 상대의 감정을 자극하지 않도록 조심해야 합니다. 조심하라는 것이지 하지 말라는 것은 아닙니다. 꼭 질문을 해야 할 사안을 상대의 고압적 태도나 분위기 때문에 하지 못하면 인터뷰는 실패로 끝납니다.

따라서 인터뷰 명수가 되기 위해서는 세 가지 조건을 갖춰야 합니다. 우선 사전 준비를 철저히 하는 성실성입니다. 두 번째는 어떤 경우든 침착한 대응을 할 수 있는 용기와 지혜가 필요합니다. 세 번째는 상대의 말에만 의존하지 말고 다시 자료 등을 통해 재확인을 거치는 확인 정신입니다.

이탈리아의 유명한 언론인이자 인터뷰의 명수로 손꼽힌 오리아나 팔라치는 인터뷰에 대한 정의를 이렇게 내렸습니다.

"인터뷰는 영혼과 영혼의 대결, 가식 없는 인격의 경연장이다."

**04**

# 신문 기자와 방송 기자 중 어느 쪽이 더 인기 있나요?

신문사에도 방송사에도 똑같이 기자가 있는데 무엇이 같고 무엇이 다른가요? 또 어느 쪽이 더 인기 있나요? 신문사나 방송사나 모두 기자라는 이름은 같지만 업무의 성격은 좀 다릅니다. 우선 신문 기자는 혼자서 사람을 만나고 사진도 찍고 뉴스를 정리합니다. 비교적 긴 글을 정리하기 때문에 자세하게 내용을 알고 있어야 합니다. 과거에는 신문 기자를 '무관의 제왕'이라고 불렀습니다. 그만큼 영향력이 막강했기 때문입니다. 진정한 기자는 신문 기자라고 말할 정도였습니다.

이에 반해 방송 기자들은 길게 뉴스를 작성해도 실제로 TV에 매우 짧게 보도하기 때문에 간단하게 정리합니다. 또한 방송 기자는 방송 카메라 앞에서 원고를 보지 않고 뉴스를 전달해야 하기 때문에 말을 잘해야 합니다. 방송 기자는 항상 현장에 가서 카메라로 보여 줘야 하기 때문에 신속하게 움직일 준비가 돼 있어야 합니다.

오늘날 사람들이 방송을 더 많이 보기 때문에 방송 기자의 힘을 신문 기자가 따라갈 수 없게 됐습니다. 현대 사회에서 많은 사람이 다양한 방송 채널을 보면서 방송의 영향력이 커졌기 때문에 이제는 방송 기자가 더 인기 있다고 합니다. 미디어 환경과 이를 이용하는 사람들에 따라 기자의 인기도 달라지는 것 같습니다. 세월에 따라 절대 강자도 바뀌는 것이지요.

## 05

# 신문은
# 어떻게
# 만들어지나요?

신문 제작에는 여러 사람이 필요합니다. 우선 뉴스를 취재해 올 취재 기자가 여럿 필요합니다. 취재된 뉴스의 제목을 뽑고 크기도 결정할 편집 기자도 필요합니다.

신문사에는 정치면, 사회면, 스포츠면, 종합면 등 각 면을 책임 지는 부장들이 있습니다. 부장은 각 취재 기자의 뉴스를 보고 완 성도를 높이는 역할을 합니다. 부장은 또한 편집 기자와 함께 뉴 스의 크기와 경중을 결정합니다. 부장들의 결정이 과연 타당한지 최종적으로 편집국장이 다시 확인하는 과정을 거칩니다.

이런 과정을 거치는 것을 영어로 '게이트 키핑(gate keeping)'이 라고 부릅니다. 이런 과정을 반복해서 거치는 이유는 뉴스는 개인 의 명예를 훼손할 소지가 있기 때문에 좀 더 신중하게 보도하기 위해서입니다.

따라서 길거리의 뉴스가 우리들의 손에 오기까지의 순서를 살 펴보면 아래와 같이 정리할 수 있습니다.


1) 취재 기자가 뉴스를 취재, 작성하여 부장에게 보고한다.

2) 부장은 이를 보고 뉴스거리가 되는지 안 되는지 판단한다.

3) 작성된 뉴스는 제목과 크기를 편집 기자가 판단하여 조절 한다.

4) 교열부에서 단어와 문맥 등에 실수가 없는지 확인한다.

5) 편집국장이 최종적으로 뉴스의 내용과 완성도를 점검한다.

특히 이 과정에서 무엇을 가장 중요한 뉴스로 내세울 것인지, 어떤 사진을 크게 내보낼 것인지 등 주요 사안에 대해서는 다시 부장단 회의를 통해 결정하게 됩니다.

## 06

# TV 뉴스는
# 어떻게
# 만들어지나요?

매일 밤 8시 또는 9시가 되면 MBC, SBS, KBS 등 방송국에서 하루의 주요 뉴스를 보도합니다. 우리가 보게 되는 뉴스는 생각보다 좀 복잡한 과정을 거칩니다. 또한 하루 동안 발생한 수백, 수천 가지의 뉴스 중에서 20~30가지의 뉴스가 뽑혀서 우리에게 전달될 뿐입니다.

TV 뉴스를 총괄 책임지고 있는 보도 국장을 비롯해서 각 부서별 부장들이 모여서 오늘의 주요 뉴스가 무엇인지 오전과 오후에 회의를 합니다. 물론 각 부서 부장들은 회의에 들어오기 전에 기자들로부터 오늘의 주요 뉴스가 무엇인지 보고를 듣고 옵니다.

부장단 회의를 통해 주요 뉴스가 결정되면, 관련 기자와 카메라 기자는 뉴스 제작에 들어갑니다. 기자는 인터뷰를 준비하고 카메라 기자는 이를 렌즈에 담습니다. 각 기자들이 만들어 온 뉴스를 편집하여 다시 평가한 후 최종적으로 20개 내외의 주요 뉴스를 뽑고 순서를 정합니다. 하루 만에 만드는 뉴스도 있지만 몇 주에 걸쳐 만드는 뉴스도 있기 때문에 기자들은 항상 뉴스 제작에 바쁜 시간을 보냅니다.

이를 방송 앵커(뉴스 진행자)가 실감나게 전달하는 것입니다. 방송 앵커는 보통 부장급 기자가 맡게 됩니다. 현장 기자와 어떤 이야기를 하며 뉴스를 전할지 미리 내용을 충분히 이해하고 방송 스튜디오에 들어갑니다. 편집부에서는 설명하는 말과 영상이 일

치되도록 주의해야 합니다. 화면에 나타나는 뉴스 제목도 간결하면서 쉬워야 합니다.

뉴스는 생방송으로 진행되기 때문에 방송 앵커, 현장 기자, 스튜디오 안의 피디, 카메라 기자, 조명 담당자 등이 모두 긴장하게 됩니다. 모두가 철저한 협조와 빈틈없는 준비가 이루어져야 방송사고 없이 마칠 수 있기 때문에 방송사에서 뉴스를 내보낼 때는 마치 전쟁을 치르듯 긴박하게 돌아갑니다.

# 07

## TV 광고는
## 어떻게
## 만들어지나요?

TV 광고를 '15초의 마술'이라고 부릅니다. 대부분 15초 안에 광고가 만들어지기 때문입니다. 15초라는 짧은 시간 동안 광고를 통해 기대하는 효과를 거두기 위해 수백 개의 광고가 만들어지고 또한 버려집니다.

TV 광고는 비싸기 때문에 대부분 대기업이나 유명 상품 회사에서 이용하는 편입니다. 물론 케이블 TV의 경우에는 중소기업에서도 광고를 합니다. 그러면 TV 광고는 어떤 순서로 만들어질까요?

1) 먼저 광고를 원하는 회사에서 특정 상품을 위한 광고 결정과 함께 예산을 책정합니다. 이때 광고 예산은 미디어에 따라 다르기 때문에 매체와 선호하는 요일 및 시간대를 결정합니다.

2) 그런 다음 광고 회사를 선택하게 됩니다. 광고 회사와 함께 광고 내용과 멘트 등을 의논하게 됩니다. 이때 광고 출연 연예인을 A급으로 할지, B급으로 할지 결정하게 됩니다.

3) 광고 회사는 이제 예산에 맞는 연예인을 섭외하게 됩니다. 이때 광고를 직접 제작하는 'CF 전문 제작 회사'도 함께 섭외합니다. 요즘은 CF 제작을 주로 '독립 제작 회사'라고 부르는 영상 제작 회사에서 만드는 편입니다.

4) 독립 제작 회사에서는 15초의 광고를 찍기 위해 몇 주 동안 수백 개의 작품을 만듭니다. 그 가운데 가장 잘됐다고 판단되는

것을 골라 광고 주문 회사에 보냅니다.

많은 사람이 "TV에 나오는 광고를 보면 모두 갖고 싶다."라고 합니다. 그것은 매우 당연한 일입니다. TV 광고의 마술을 알기 위해서는 우선 뉴스와 광고의 같은 점과 차이점을 알아야 합니다.

뉴스와 광고는 모두 정보를 전달한다는 점에서 같습니다. 차이점이 매우 중요한데, 뉴스는 좋은 점과 나쁜 점을 정직하게 전달합니다. 광고는 좋은 점만 그것도 때로는 과장되게 포장하여 전달합니다.

뉴스는 기자가 전달합니다. 신뢰감이 가장 중요한 기자가 국민의 정확한 판단을 돕도록 정보를 전하는 것입니다. 이와는 대조적으로 광고는 기자가 전달하지 않습니다. 국민에게 호감을 주거나 잘 알려진 연예인, 스포츠 선수 등이 전달합니다. 유명인을 통해 광고를 하게 되면 사람들이 쉽게 믿는 속성이 있어 이 점을 이용하는 것입니다.

따라서 뉴스는 대부분 그대로 믿어도 되지만 광고는 그대로 믿어서는 안 됩니다. 광고를 보면 꼭 갖고 싶도록 만드는 데 많은 돈을 쏟아부었기 때문입니다. 그렇게 만들지 못한 광고는 TV에 나올 수 없습니다.

주니어 대학

# 08

# 인터넷 신문,
# 뉴스 통신사는
# 무엇인가요?

인터넷 신문은 2000년대 들어와서 본격적으로 등장한 새로운 유형의 뉴 미디어입니다. 종이 신문의 형태가 아닌 사이버 상에서만 존재합니다. 네티즌들이 많아지면서 종이 신문의 시대가 저물고 인터넷 신문, 인터넷 방송, 팟캐스트 등이 속속 등장하고 있습니다.

인터넷 언론사는 돈이 많이 필요하지 않아서 마음만 먹으면 누구나 만들 수 있습니다. 또한 시간과 공간을 초월하여 네티즌들을 연결하기 때문에 신속합니다. 지구촌 구석구석에서 벌어지는 작은 일들도 인터넷을 통해 쉽고 빠르게 전달되는 세상에 살고 있지요.

'모든 시민은 기자다.'라는 슬로건을 내걸고 나타난 《오마이뉴스》는 대표적인 인터넷 신문입니다. 때로는 동영상과 TV 방송 서비스도 하고 있습니다. 보다 전문적인 뉴스와 정보를 제공하는 인터넷 신문에는 《프레시안》이 있습니다. 뉴 미디어 시대에 다양한 독자를 찾아서 오늘도 인터넷 신문은 새롭게 나타나고 또한 사라지고 있습니다.

인터넷 신문은 자체 기자를 많이 둘 수 없어서 주요한 기사를 다른 언론사에 의존하는 경우가 있습니다. 각 신문사와 방송사에 뉴스와 정보를 공급하는 '뉴스의 도매상'을 뉴스 통신사(news agency)라고 부릅니다. 세계적인 뉴스 통신사에는 AP, 로이터 통신, AFP 등이 있습니다.

뉴스 통신사는 일반 신문사나 방송사보다 훨씬 더 많은 수의 기자를 보유하고 있습니다. 그만큼 지구촌의 자세한 소식을 전하기 때문에 각 신문사와 방송사는 뉴스 통신사로부터 정보를 돈을 주고 사기도 합니다.

한국에는 대표적으로 연합 뉴스라는 이름의 뉴스 통신사가 있습니다. 연합 뉴스는 한국의 주요 신문사나 방송사, 포털에 뉴스를 공급합니다. 해외 뉴스 통신사의 의존도를 낮추고 정보 주권을 지킨다는 명분으로 국회는 연합 뉴스를 국가 기간 뉴스 통신사로 규정하였습니다. 국가의 주요한 뉴스를 국내외에 제공할 뿐만 아니라 국가의 위상을 상징하고 있기 때문입니다.

# 09

# 신문 방송학에서는
# 무얼 배우나요?

신문 방송학을 대학에서는 다양한 말로 부르기도 합니다. 언론 홍보 영상 학부, 미디어 학부, 언론 정보 학과, 커뮤니케이션 학부, 매스컴 학과, 매체 정보 학부, 광고 영상 학부 등. 이름만 다를 뿐 배우는 과목이나 내용은 비슷하니까 혼란스러워할 필요는 없습니다.

신문 방송학과에서는 어떤 과목을 배우게 될까요? 먼저 매스컴과 사회에 대한 공부를 하게 됩니다. 매스컴이 우리 사회에 미치는 영향과 그 역할 등에 대해 보다 자세하게 배우게 됩니다. 광고와 홍보, 영상 제작도 공부합니다. 영상 제작의 경우, 실습 과목인 만큼 보도 카메라를 메고 실제로 촬영과 편집을 하게 됩니다.

보도 기사 작성론, 매스컴 윤리, 법제론 등을 통해 뉴스 기사 작성의 요령과 뉴스의 가치 기준과 다양한 뉴스 유형에 대해 공부하게 됩니다. 보도 과정에서 윤리 문제, 법의 문제를 어떻게 지킬 수 있는지도 배웁니다.

스피치 커뮤니케이션 과목을 통해 정확한 발음법, 표현법, 어휘 구사력 등을 아나운서처럼, TV 사회자처럼 실습하게 됩니다. 때로는 자신의 모습을 동영상으로 찍어서 교수님과 함께 보면서 분석하기도 합니다. 자신의 발표 모습을 친구들과 함께 보며 분석하는 것은 좀 쑥스럽기도 하지만 객관적으로 자신을 볼 수 있어 큰 도움이 됩니다.

매스컴 조사 방법론을 통해 여론 조사를 어떻게 하는지도 배우게 됩니다. 매스컴 변천사 등을 통해 매스컴의 역사와 정치의 역사 등을 함께 공부합니다. 이때 자신이 광고 쪽을 원하는지 기자나 아나운서를 원하는지를 보다 정확하게 알 수 있습니다.

# 10

## 신문 방송학을 공부하면 나중에 무엇이 될 수 있나요?

신문 방송학에서 비교적 다양한 과목을 공부하는 만큼 전공자가 진출하는 분야도 다양합니다. 우선 가장 직접적으로는 신문사나 방송사의 기자나 피디가 됩니다. 기사 작성이나 스피치 커뮤니케이션을 배우기 때문에 면접에서 절대적으로 유리한 편입니다. 방송사의 수가 늘어나면서 신문 방송학과 출신들의 진로가 더욱 넓어지고 있습니다. 특히 카메라 기자는 신문 방송학과 출신들이 거의 독점하다시피 하고 있습니다.

인터넷 신문 등 뉴 미디어가 활성화되면서 큰 언론사에 취업하지 않고 스스로 인터넷 언론사를 개업하거나 인터넷 잡지(웹진)를 만들어 직접 비즈니스계에 뛰어들기도 합니다. 또 TV 홈쇼핑 방송의 쇼 호스트로 활동하기도 합니다.

대기업, 병원 등의 홍보실에도 쉽게 진출하는 편입니다. 요즘 홍보실에서는 기본적으로 기사 작성뿐만 아니라 사진도 찍고 영상 편집도 할 수 있는 사람을 뽑기 때문입니다.

신문 방송학과 출신들은 기본적으로 말과 글을 잘 활용하는 법을 배웠기 때문에 광고 분야에서도 인기가 있습니다. 직접 광고를 제작하는 회사에 가서 맘껏 끼를 발휘하기도 합니다.

신문 방송학을 전공한 후 해외로 유학 가서 석사나 박사 과정의 공부를 계속할 수도 있습니다. 신문 방송학이 좀 더 세분화되어 있는 곳에서 이론과 실무로 나눠서 더 공부할 수 있습니다.